幼儿学游泳

儿童发展基本原理与两三岁幼儿亲子游泳训练指南

［德］丽莉·阿伦特 著
许强 林艳 译
马蒂尔德·柯尔 摄影

人民体育出版社

图书在版编目(CIP)数据

幼儿学游泳 / (德)阿伦特著；林艳，许强译. –北京：人民体育出版社，2015

书名原文：Toddler swimming

ISBN 978-7-5009-4813-1

Ⅰ.①幼… Ⅱ.①阿… ②林… ③许… Ⅲ.①幼儿–游泳–运动训练–基本知识 Ⅳ.①G861.102

中国版本图书馆 CIP 数据核字(2015)第 089522 号

*

人民体育出版社出版发行
北京中科印刷有限公司印刷
新 华 书 店 经 销

*

880 × 1230 32 开本 5.75 印张 130 千字
2015 年 8 月第 1 版 2015 年 8 月第 1 次印刷
印数：1—5,000 册

*

ISBN 978-7-5009-4813-1
定价：25.00 元

社址：北京市东城区体育馆路 8 号（天坛公园东门）
电话：67151482（发行部） 邮编：100061
传真：67151483 邮购：67118491
网址：www.sportspublish.com

谢谢你！

特别感谢我的私人编辑哥特弗雷特·阿伦特，摄影师马蒂尔德·柯尔，以及很多自愿参与摄影的父母和孩子。

丽莉·阿伦特博士

注意：

在我的第一本书《婴儿学游泳》中，谈到了孩子在生命第一年中的发展以及通过如何运动促进这种发展。然而在本书中，我把一岁孩子（婴幼儿）和两岁孩子（幼儿）当作一个整体来探讨孩子的发展，以及游泳的方法和教学层面，是因为这两个年龄段的孩子之间没有明显界限。

声明：

本书中的 “父母”也可指陪伴孩子游泳、对孩子十分重要的任何其他人。

为方便读者阅读，本书使用 “他”来表示不确定性别的个体。在适当条件下，“她”也适用于以上内容。

目 录

编者前言 …… 1

Ⅰ引言 …… 2

Ⅱ儿童发展的基本原理和幼儿游泳 …… 6

1 水 …… 7
1.1 日常生活要素 …… 9
1.2 游戏要素 …… 10
1.3 危险因素：安全教学 …… 11

2 两三岁幼儿 …… 16
2.1 体能和运动发展——从蹒跚学步到运动健将 …… 17
2.2 感官和知觉——刺激加工及用眼和手感知世界能力的增强 …… 25
2.3 关系和言语行为——从自理到争取独立 …… 29
2.4 玩耍和学习行为——从模仿、践行到自我尝试新事物 …… 31
2.5 卫生行为——越来越远离尿布 …… 34
2.6 显著的运动缺陷和感知失调 …… 37

3 父母与课程教练 …… 42
3.1 孩子个性发展过程中父母的角色 …… 43
3.2 课程教练是顾问，是有创意的设计师，是与幼儿和家长联系的桥梁 …… 47

4 幼儿游泳 …… 50
4.1 幼儿活动、游戏和运动的意义及目标 …… 51
4.2 互动活动刺激的概念——一起探索水的世界 …… 55
4.3 运动和游泳行为的学习 …… 56

4.4 研究结果、预期成效与最终结果：孩子最终学会游泳是什么时候？ ……61

Ⅲ 幼儿游泳的实践层面 …… 64

5 课程计划与组织 …… 65

5.1 课程规划和实施过程 ……65

5.2 父母须知及关于家庭淋浴和洗浴游戏的建议 ……67

5.3 关于游泳池的几点建议 ……71

5.4 卫生与疾病防治 ……72

5.5 急救、对儿童的照顾与责任义务 ……75

6 课程内容和练习 …… 82

6.1 活动安排与教学内容 ……83

6.2 课堂教学建设：课堂内容及其创意性结构 ……87

6.2.1 水中基本运动形式与基本技巧 ……97

6.2.2 水中体操练习和攀附家长练习 …… 101

6.2.3 在游戏和练习中掌握技能 …… 105

6.2.4 熟悉水性与跳水技能 …… 127

6.2.5 “巡回训练”的运动设计 …… 135

6.2.6 感知练习 …… 141

6.2.6.1 视觉区域 …… 141

6.2.6.2 听觉区域 …… 142

6.2.6.3 触觉区域 …… 144

6.2.6.4 身体定位 …… 145

6.2.6.5 空间和位置定位 …… 146

6.2.6.6 反应训练 …… 147

6.2.7 熟悉器材、结对游戏 …… 149

6.2.8 仪式和歌曲 …… 157

6.2.9 水中放松的方式 …… 162

6.3 游泳和浮力器材 …… 167

照片和插图制作 ……174

作者和译者简介 ……175

编者前言

尽管两三岁孩子的主要活动范围是在干燥的陆地上，水域提供的各种活动也是这个年龄段孩子的理想选择。

与婴儿不同的是，蹒跚学步的幼儿的动作，在很大程度上由自己的自由意志控制。只要幼儿身处愉快的、没有恐惧的、有趣的环境中，有浮力的、柔软的液体元素水，就能成为他好奇地探索周围世界时一种独特的感知和控制方式。

水，和身体在水中的感觉，成为令人兴奋的勇敢探索，它鼓励大家谨慎有效地行事，并通过互动体验家长与孩子紧密联系的时刻。这为增强孩子的信心，并为他们最终学会能拯救生命的游泳技能铺平了道路。

首先，丽莉·阿伦特的所有工作都围绕促进和指导孩子的发展这一重心展开。幼儿的发展因此成为本书的主题，也是她对家长、课程教练和其他幼儿游泳相关人员进行方法指导的出发点，这涉及到活动的规划、组织和实践等各方面。

除了教学方法的发展，作者也没有忽略在水中如何抱持幼儿并确保其安全等实际细节，还针对温度、卫生、材料或游泳装束等因素提供了一些建议，这些建议可能看起来微不足道，但事实上对该课程的成功至关重要。

即便有了所有这些技术细节，丽莉·阿伦特想要说明的是，幼儿游泳并不仅仅是关于运动技术的指导，更重要的是先建立父母与孩子在水中的相互信任和灵敏互动。

柯特·瓦尔特
2004年12月
于科隆

Ⅰ 引言

本书为《婴儿学游泳》的续篇。《婴儿学游泳》关注孩子生命第一年中的亲子游，而本书的对象是幼儿，因此也通过亲子游关注孩子生命第二、第三年发展阶段以及促进这种发展的方法。

这个年龄段的游泳是指儿童借助父母或救生器材的帮助，由儿童对独立在水中运动的愿望所激发的，在水中有目的运动。独立游泳①是孩子最早从四岁才可以开始学习的一种技能。除了孩子的心理成熟度和动机因素，这种技能的获得尤其取决于其四肢发育及力量与负荷相关关系和运动协调能力的发展。

像小孩子练习体操一样，家长支持的幼儿水中基本运动也必须在课程教练的专业指导下进行，这一点不言而喻。水本身是一种特殊的介质，它为玩耍和嬉戏提供了一个合适的领域。

从方法上说，学习游泳的最初几步是根据年龄设置安排的。第一个障碍是要熟悉水性并学会如何应对。这是在亲子游泳的框架内开始的，既有整体活动又有互动活动，比如，在没有任何表现压力的情况下，孩子和父母一起渐渐发现运动的乐趣。然后他们通过四处走动、跳水、浸泡、潜水以及各种游戏、体操和放松练习体验到这点。游泳是可在闲暇时间内进行的一项运动，有很好的发展前景，它可以贯穿人的一生，而且是适合所有年龄家庭成员的一项共同家庭运动。

①游泳在这里指的是在深水里，距离超过12米（企鹅徽章）或25米（海马徽章）具有一定的跳水和潜水技巧的运动。这些早期的游泳徽章证明孩子的早期游泳成就，必须在监管下完成。

成功的幼儿游泳需要合格的指令、温暖的水（约32摄氏度）和诸如“父母要能够站在水中”等其他适当条件。应根据年龄和经验分组，因为孩子的运动类型和能力在头几年发展迅速。

本课程的宗旨是在提高水中运动乐趣的同时提供教学指导，其特征是课程教练或父母与孩子之间有目的、有计划的行为。

在任何时间都可以开始亲子游泳。两岁孩子的典型阶段特征，例如害怕和父母分离（约13个月），叛逆期（约18个月），怕深水（约24个月）或是不适应陌生情况或地方这一普遍问题（害怕新的体验）等都可能在某一阶段影响课程。

幼儿游泳会有意识地激发亲子关系。曾经挥手踢腿的宝宝如今变成黏人的孩子，甚至是叛逆的斗士，渴望能自行其事；在水中和父母意见相左的孩子会突然害怕或想脱离父母怀抱，虽然他尚不会游泳。

重要的是要相信这些仅仅是发展的必然阶段，要耐心地通过折中方式度过这些阶段。

孩子喜欢与父母在水中玩耍和泼水。波浪和水花能帮助孩子熟悉水性，这使他感到愉快而不是害怕；在父母熟悉的臂膀保护下，跳入水中潜水成为他最喜欢的游戏。

本课程设计力图保持内容的完整性，均衡促进心理、运动、社会和情感技能等发展。富有创意的课程结构使父母和孩子能在纯粹的快乐中体验多项活动。

幼儿游泳可以为获得在水中的信心奠定坚实的基础，这一健康的过程——对于孩子对健康和游泳的兴趣而言——将随其游泳经验而持续。通常孩子只有在3岁以后，在认知、身体和运动能力成熟的条件下，才有可能自觉地学习适当的游泳技术。

那些阻止孩子从小在水里玩耍和体验的父母，那些有些不由自主地在全副武装了浮力装备后才允许孩子入水的父母，那些永远在警告孩子有危险而不是伴随着他、鼓励他熟悉这个媒介的父母，会使自己的孩子变得恐水。这反过来又可能让未来的游泳课变得更费时、无趣、困难和不轻松。

Ⅱ 儿童发展的基本原理和幼儿游泳

1 水

水，一个在进行无限自我循环运动的元素，对我们有神奇的吸引力。人们对水的喜爱之情随处可见。人们常会被吸引去海滩，或者波涛汹涌的高山湖泊。甚至在我们的日常生活中也能感受到这一点，比如我们喜欢淋浴，在游泳后也会感到焕然一新。

对处于探索阶段的孩子来说，水是富于冒险和体验的领域，它充满创造力、令人兴奋不已。水拉近了孩子和家长的距离，使他们有机会亲密接触和互动。水独特的可穿透性意味着，孩子必须持续得到监护和支持。因为孩子不会游泳，这种援助必不可少。

生命的最初几年是孩子形成基本心理趋向的关键时期。如果孩子在这段时间内与水的接触是愉快的，他就会和水建立良好的关系，且在以后的岁月里，他将继续保持这种积极态度。

水不只是象征性地完全控制我们，同时也确实在身体和精神上控制我们。能够应对水并在水里保全自己，会给孩子一种精神力量。这样的经历可以提高他的自信、勇气和热情，而这些能传递到他的日常生活场景。时至今日，水中运动对个性发展的作用早已得到广泛认可和积极评价。

1.1 日常生活要素

水不仅可以饮用，也是我们保持日常身体卫生的必需品。两岁大的孩子已经可以自己洗澡，这是指当水不超过30厘米高，澡盆底放入防滑垫时，并在父母陪同下进行的洗澡。海绵或不同大小的烧杯等玩具，能够鼓励孩子在玩水的乐趣中坐上更久时间。

这有助于帮助孩子了解自己的身体构造：孩子用洗澡巾擦洗自己身体的不同部位时，学习就以玩耍的形式在进行了。哥哥、姐姐或玩具娃娃可以一同沐浴，这样可以进行良好示范。也可以在换尿布前进行短时淋浴。

给这个年龄段的孩子清洗头发被公认为很棘手的事，因为孩子们还不能稳定地保持平衡，无法保持直立并将头向后昂。

出于同样的原因，仰卧位在洗头过程中通常也行不通。孩子能在坐或站的时候抓住东西并闭上眼睛时，情况就好很多，父母应该使用温和的儿童洗发水，并用淋浴喷头迅速冲洗干净。

1.2 游戏要素

对幼儿来说，水是特别令人兴奋的元素。在水中，他们可以进行第一次物理实验，了解浮力、阻力、压力和温度等。他们也能了解如何在三维空间移动四肢。他们在海滩上使用水作黏合剂建造城堡和沟渠。在洗澡时，他们用泡沫给瓷砖铺墙纸，用湿脚丫踩出串串脚印。

水的一致性使这些成为可能：把它放进嘴里，再吐出来，在水中吹气和吐泡泡，用勺子舀起再倒掉，让水滴落或泼溅，观察它的流动，留意自己皮肤上的水。儿童用这些经验满足他们的好奇心，而保持这种探索力是他们要面临的挑战。

1.3 危险因素：安全教学

应该让所有读者都意识到这句善意的提醒有多重要："孩子学习游泳技能是为了自我保护"，特别是在日常生活中，刷牙、洗澡、河边漫步、湖边休憩、观察池塘等活动中接触的水对我们没什么危害的时候。

所有照顾儿童的人都应该保持警惕，例如：德国联邦数据办公室（1999年健康报告VIII A1）所公布1～5岁儿童溺亡（总数是58）的人数，几乎是5～10岁儿童的两倍，比婴儿（<1岁）溺亡人数的15倍还要高。德国救生协会的统计数据表明，在2001[①]年前6个月的全德国181例溺亡事故中，其中10%（18例）是5岁以下的儿童。

大多数意外发生在自然水域或对意外地点没有进一步的解释。相比较而言，在浴缸或游泳池中发生的意外只占意外总数的一小部分。然而，统计数据明确显示，蹒跚学步不会游泳的孩子是溺亡高危群体，因为他们有强烈的活动和探索欲望，但又缺乏经验。儿童的体力也是造成自救困难的重大阻碍。

①个人进步信息，2002年正式发布。

父母对水的危险保持敏感，并学会估计孩子的能力十分重要。对定期和不定期参加幼儿游泳课程的家长所做的问卷调查清楚表明，在度假时，有课程经验的家长对孩子的行为会更安全。

因此，幼儿游泳既是父母与孩子在水中的实际操作体验，也是一种安全教育培训形式。当父母有应对不同情况的实际经验的时候，才能更实际地判断危险，而通过针对某些行为准则进行的、充满趣味的培训，课程教练可以用一种生动的方式来教育孩子和父母。

一次自发的实验让另一重要方面进入人们视线——家长自己对水的经验。

在婴儿和幼儿游泳课程中，家长得到指导，学会如何正确、专业地照顾孩子。通过监护孩子，许多家长对水的认识再次提高，并且通过定期参加课程，他们对个人技能的信心也得到提高；他们还找到了面对孩子的信心。

这些经验甚至超越课程，帮助家长正确判断真实生活中的事件，这对于儿童和家长处理休闲度假时的各种状况十分有益。毕竟，是父母在水中扶着和照看孩子，因此在意外发生时，也只有父母才能够救他。

只要孩子不会游泳，就不能停止监管。保护过度的家长，通过对潜在危险无休无止的警告，阻碍了孩子自己获得水中经验并学会自我保护。我想在这里指出，一直使用游泳辅助器材（如护翼）并不能保证孩子的安全，无论这一器材离孩子有多近。

为防止在浴室滑倒，可在浴室的地板上放置防滑垫。洗澡时，不应该让婴儿单独呆着，毛巾和其他必要的用具也应预先准备好。

鉴于游泳池、池塘或雨水汇集处，都能对孩子生命形成潜在威胁，私人游泳池所有者在水域无人看管时，应该以栅栏、池盖或防护栏杆等设施进行安全防护，这甚至是法定义务。

安全训练建议：

◆只有在监护人或“信任的人”陪伴的情况下，孩子才可以进入更衣室和淋浴设施。

◆如果孩子已经会走路，他应该——甚至不用大人手把手地教——自己学会找到碰面地点，如放置了熟悉的游泳袋的温暖长凳，然后在那里等候。这项任务应该时不时布置给孩子，父母则躲在一边观察孩子的行为。

◆如果上课时父母需要去厕所或更衣室，他必须带着孩子，或安排在场的他人监护，没有例外。

◆在休息时，比如上课前，孩子可以在泳池外玩自己的玩具。如果已经可以进入泳池，父母必须始终陪伴自己的孩子进入水中。

◆孩子要么和家长一起入水，要么在父母之后入水。当听到特定的信号后，孩子们才能全部跳进水里。

◆在整个课程中，必须确保孩子能在短时间内服从命令，例如：“抓住池边，我马上过来”或“坐好，我去拿球”，以确保当父母短暂离开时，孩子也没问题。

这时候家长和孩子也应加强互相之间的信任关系。守诺的语言和行动能够让对方有安全感。

◆游泳后，家长和孩子应该一起离开泳池、淋浴区和更衣室。实际操作中，家长也可以先离开淋浴区，步入更衣室，让孩子马上跟过来；当然一定要事先安排好另一位家长进行监护。

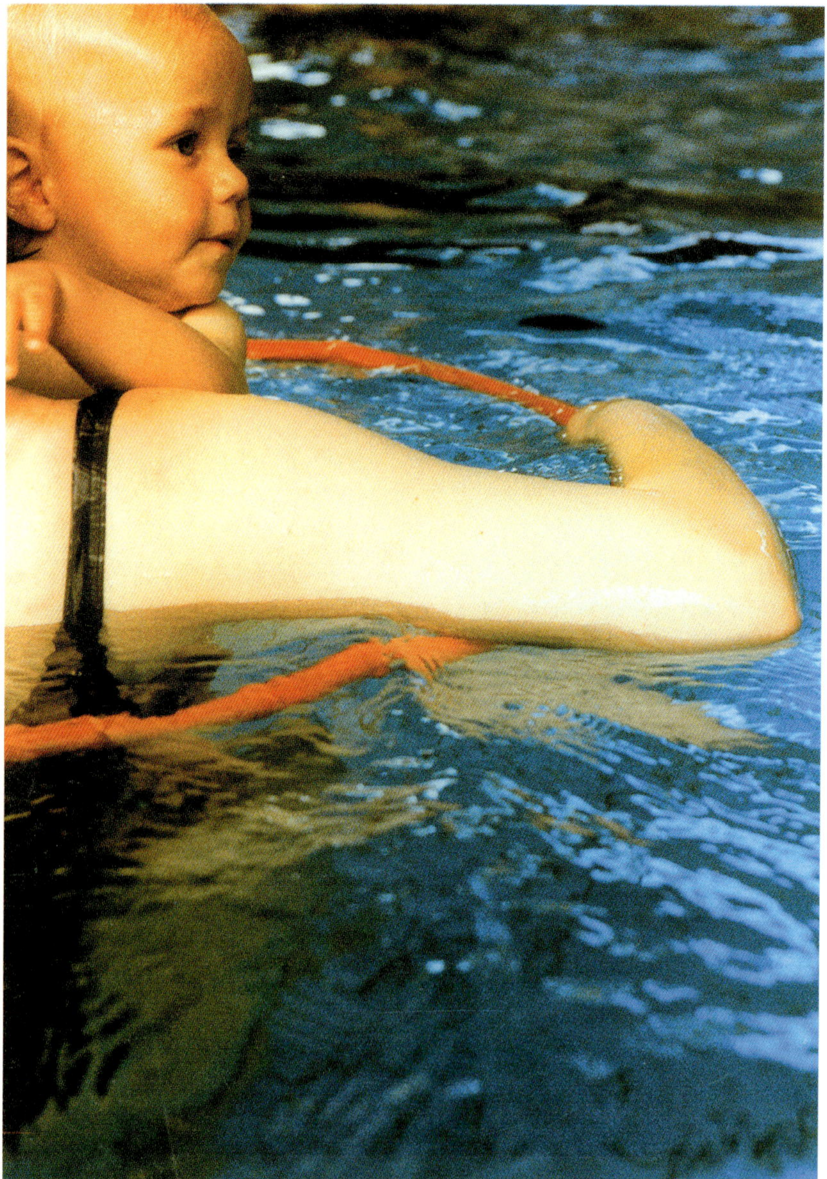

其他游泳规则：

◆孩子参加游泳课时必须身体健康，无传染性疾病。

◆呆在温水中（约32℃）的时间不超过45分钟。无论何时，一旦孩子感到寒冷，必须马上离开水面。

◆只有当孩子学会保护性反应，即避免呛水、水误入不该流的地方，或水中呼吸等危险以后，才可以潜水。学会这些技术后，孩子通常就会准备充分、轻松无压力并且能够全神贯注。

◆还要谨慎对待那些有时候被过度吹捧的自救方法①，按照这些方法，孩子要么在无人抱持的情况下在水中保持仰卧一定时间，要么被扔进水中。

这里存在水中毒的危险。我们不赞成这样做，这既不是好的方法，也容易产生心理问题，因为孩子长期要承受不当的心理和生理压力，其可能的后果就是对水的恐惧。

这种方法肯定不会提高孩子学习游泳的积极性。与整体教学法相反，这种方法实际上是滥用孩子对父母保护能力的信任和信心。

最好的方法就是孩子能够从安全和熟悉的父母照顾中，逐步脱离出来，依靠自己的能力。他必须要跨越“就要成功”的边界，并体验到越来越独立所带来的愉悦。

①婴儿和幼儿在落入水中后被训练转成仰卧位，尽管已经呛水，也要保持仰卧。

2 两三岁幼儿

2.1 体能和运动发展——从蹒跚学步到运动健将

幼儿的身体比例和外观都类似婴儿。头部占身体总长度的四分之一左右，与身体相比，胳膊和腿偏短。四岁时，随着四肢显著增长，身体的重心开始变化，平衡能力得到提高，游泳动作变得更有效。两岁前，孩子的膝盖总是略略弯曲；有点轻微的罗圈腿。头部比例的特点是脑颅骨较大，面部骨骼较小，脸颊饱满，眼部较大。由于幼儿直立能力的发展和步行运动的增加，腰椎脊柱前凸，骨盆前倾，这也解释了为什么孩子的腹部凸起到体前。由于骨骼系统还很软，而足弓只能在行走中得到发展，可能会出现轻微的畸形。赤脚走路，穿着轻便的衣服，从事多种运动都有助于矫正这一问题。

体重的快速增加，身高的大幅增长是幼儿身体发育的典型特征。而这些随遗传因素、生长发育、营养和性别等因素不同会产生差异。一岁孩子的体重通常已经是出生时的三倍（12公斤左右），身高则增长约50%，至75cm左右。另一方面，幼儿的呼吸和心跳频率略低于婴儿。呼吸速率每分钟约35次。婴儿典型的腹式呼吸被更深层次的胸式呼吸法代替。两岁幼儿的脉搏——从心脏转移到动脉的冲击波——达到每分钟100次。血压——由心脏肌肉的力量产生的流动血流对血管系统的压力——从一岁孩子的60/35毫米汞柱在第二年上升到80/50毫米汞柱①。由于心脏的高工作能力，幼儿能在短暂休息后就得到恢复，身体负担过重导致疲劳的状况极少发生。

① 比较：一个成年人的血压是120/80毫米汞柱。

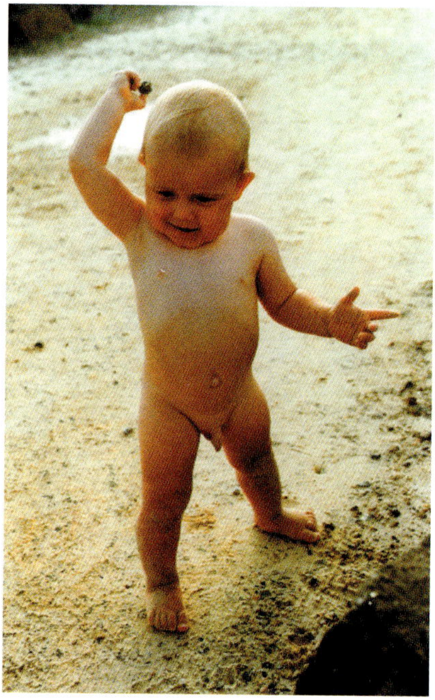

2～3岁时免疫功能趋于成熟。长乳牙、口腔更多接触外物以及与其他同龄孩子的频繁接触，都会使幼儿容易受到感染。积极应对感染有助于建立孩子的免疫系统。

推荐使用麻疹、腮腺炎、风疹、百白破、流感嗜血杆菌和脊髓灰质炎等疫苗，这些疫苗能提供保护，使幼儿免受危险疾病的侵害。医生将从孩子15个月起给予加强免疫注射。

幼儿继续迅速发展他的运动技能。一岁以下的婴儿为了把自己拉起来还得对抗地心引力。他学会了如何坐、立和围绕物体移动。两岁时，他的大部分时间都用于尝试自由站立、行走和蹲下；例如在楼梯上，对攀爬的渴望会鼓励他成功爬越到下一楼层。他保持直立位置的迫切愿望显而易见，让他躺下来换尿布几乎不再可能了。

站立和行走时幼儿保持平衡的能力依然不太稳定。他总是摇晃和跌倒；走路时步子大而踉跄（鸭步）；借手臂侧举保持平衡。

随着年龄增长，通过广泛接触客观世界和社会环境，儿童发展出多项运动能力：

◆他会行走、摔倒，再站起来，即使在不平整的表面。

◆他倒退行走，保持平衡，爬上爬下。

◆尽管还不够协调，他能够蹒跚前行并改变运动的方向、速度和节奏等。

◆一次一个台阶，他紧抓扶手，攀爬楼梯，先向上爬，一段时间后就能向下爬。

◆他可以对抗自己的体重，如手握横梁悬挂或用手向上推。

◆他时常蹲着玩耍并学着保持身体的平衡。

◆他用勺子吃简单的东西（两岁），然后用特制的儿童刀叉（三岁），从而提高了他做缓慢、专注运动的能力和运动的准确性。

◆他想参与越来越多的家庭活动；第一次尝试穿衣服，并由此开始发展自学能力。

孩子对运动产生了令人难以置信的热情。他变得十分兴奋，当他能够：

◆探索声音、节奏和动作，如摇晃和摆动自己的身体。

◆测试自己控制和伸展的能力，并看到身体如何运作。

◆由人扶着跳上跳下，跳下平台，然后自己跳过障碍（跳高和跳远）。

◆翻腾、打滚、滑移和匍匐通过隧道。

◆运载物品，拉、推、滚、踢、扔东西（单手直接扔，双手低手扔，扔给别人以及扔向某个目标）并接住。幼儿以此学会控制对抗中应使用力量的强弱，并测试自己的力量作用到物体的效果。他还测试了自己的空间定位、协调、反应和熟练程度；他学会应对各种情况，学会用眼睛追随移动的物体并估计它的速度。

◆被允许通过爬和攀登测试自己的力量。

从两岁起，他开始有进行独立行动的意愿。在探索许多新、难动作时，他经常高估自己的能力：他不断提高自己的技能，不久就开始尝试单腿站立，有了用手偏好[①]，并使用更有劲的手臂投掷，用"爪子"握住蜡笔画画，并进行垒砖等双手活动。

他开始用两只脚交替爬楼梯或者他开始尝试用两只脚交替蹬踏三轮车，这一切活动实际上都是为了以后的发展做准备。

三岁的孩子可以在地上保持平衡，并能用一条腿站一秒钟，这已足以惊吓到他的祖父母了。在举起满满的杯子，或试图用双手接球等活动时，他的精细运动技能得到更多控制。

对于幼儿来说，由于每个动作过程似乎都是新的，他经常乐意模仿一切。

因此，他也尝试鼓掌，并一起唱熟悉的歌曲。他的精细动作行为可能仍然是相对不准确的，但其总体动作活动一直在变得更为稳定和更具针对性。

① 用手偏好是指对某侧手的特别偏爱和经常使用。

幼儿似乎具有无穷的运动能量。两岁之初，他还需要在别人搀扶下行走，岁末时，他的运动和社会活动半径已大大扩大：他总是顽皮地跑开去积极地、有点冒失地探索周围环境；这是家长要在独立性和保护行动之间抉择的一个过程，也即判断什么是孩子有能力完成的，以及家长是否应该并如何去保护他。

两三岁孩子要发展的基本运动技能：

行走

◆约一岁起（10 ~ 18个月）。

跑

◆ 约两岁半起，最初时幼儿需要张开手臂来保持平衡。

◆他的步伐变得越来越大、越来越快；他开始更经常地弯曲手臂。

爬

◆孩子大约一岁半时起就可以爬上梯子，向下爬则要晚一点。

◆在同样年龄段，如果有人帮助，孩子还可以爬越一些小障碍（如小路、长椅）。

◆两岁半时，他可以上下楼梯，并且可以很好地爬越障碍。

跳

◆从两岁开始，幼儿开始双脚并拢从一个较低的高度跳下、跳过线条、小棍或绳索（类似于青蛙跳）。

投掷

◆他开始练习不同的投掷：直线球（扔棒球）即上手和低手传球（十柱保龄球）①。

抓握

◆20个月大时开始，幼儿双臂水平前伸，但无法再将双臂协调地拉向自己的身体。这些技能要到3岁时才能学会。

两岁儿童运动过程的特点如下：

◆低强度运动。

◆运动表现缓慢，而不是快速反应。

◆狭窄和相对较小的空间体积。

◆缺乏手臂和腿的摆动。

◆动作没有节奏。

◆行动仍相当生涩笨拙（没有弹性，也不够流畅）。

◆肢体运动尚未与躯干相结合；很难保持平衡。

◆当进行跑、跳、单足蹦和投掷时，会出现无意义的跨步动作。运动不能持久，也不够省力。

原因可以解释为：

◆肌肉尚在发育。

◆肌肉力量的分散（由于身体比例的不平衡导致力量与负荷之间的关系尚未平衡）。

◆缺乏协调技能（因为刚刚开始发展）以及反应持续时间（没有快速的反应能力，需要长期锻炼）。

◆孩子对运动的过于谨慎，这表明他尚处于尝试阶段。

◆在学习阶段，运动练习仍然滞后于刺激过程。从大脑生理学的观点来看，必须预先形成活跃的运动类型。

① 在生命的第一年，当孩子把他所有能接触到的东西都像类似丢球一样丢下时，人们可以经常观察到直线投篮的雏形。

由于模仿和变化，三岁孩子的运动更加自主、准确和稳定。

两三岁孩子的平均发展如下：

1. 耐力

孩子玩耍时表现出一定的耐力。他已经能很好地集中注意力。通过频繁变换不同运动量的各种游戏活动，中枢神经疲劳延迟了，而且不会发生局部性疲劳。活动本身还不能太持久；行为表现强度不大、短而多变。这些可能是由尚不发达的心肺系统（休息时快速的脉搏和高呼吸频率）造成的。

2. 协调技能

幼儿在总协调区止步不前。即使孩子喜欢平衡练习，其运动能力，如自我定位、建立联系、适应各种情况、分化和保持平衡等似乎停滞不前。

3. 灵活性

这是幼儿发展令人感到好奇的地方。尽管他的较大关节已具有良好的弯曲能力，但拉伸这一技能尚未得到发展。

4. 速度

这里尚不可能就此展开讨论，因为两岁前的儿童几乎通过他从事的任何活动扩大运动类型；而这总是伴随着很多的第一次行为。

2.2 感官和知觉——刺激加工及用眼和手感知世界能力的增强

在生命的第一年，孩子的感觉器官在日益成熟，大脑的生理和智力的分类（感觉运动整合）开始。在最初的几个月，婴儿只能感知到触摸，但不能自觉地对其分类和定位。但是幼儿用更为详细和差异化的形式，选择和整合自己的印象。他的注意力更清楚地指向某种东西，而且更有意地控制自己的动作。直到三岁后，他才学会更好地控制自己的感情。幼儿对自己的身体描绘出了大致轮廓，包括身体的存在、它的极限和运动能力。随着自我发现和语言表达能力的提高，通过不断地动觉感知，孩子到三岁时，基本完成对身体构造的认识。他的平衡反应（对位置和运动的感觉，姿势反射）和位置与空间定位得到大大改善。

一开始，宝宝只能识别对比强烈的物体。孩子视力敏锐度发展迅速；两岁时，他的视力就已达到成人的50%。虽然宝宝主要是用他的嘴（口腔的接触）认识物体，一岁的孩子，由于手的灵巧，能够通过细致观察来探索更多的物体（视觉探索）。到第二年年底，他的触觉不再是主导；他的嘴不再是最重要的触觉器官。三岁的他可以通过视觉和语言区分颜色。4岁前，他不能掌握空间视觉；四岁时他就可以对短距离进行估计了。

幼儿开始意识到物体的永恒性，也就是说，他有意识地记录物体的存在或移走。一岁到一岁半的孩子可以找到自己扔掉或者隐藏的东西。他已经意识到联系：小积木被他放入大容器；他能识别声音和他们的来源；他能指出自己和他人的身体部位。2岁的孩子已经可以分辨形状和颜色；这在分配游戏中表现得很明显。

两岁至两岁半时，随着对自己身体认识的增多，幼儿已经可以区分男性和女性。三岁时，随着语言的发展，孩子一般能说出自己的身体部位，并能识别大小。他能够理解“二”表示数量这一细节。

至于听觉刺激，孩子可以区分表达情感的不同声音信号；他喜欢发声，并通过发声开发自己的演讲能力。然后他就一遍遍练习这些声音，熟悉其发音，掌握其节奏，并从这一经验中学习。

从发展心理学的观点来看，正如对于婴儿，对于两岁孩子来说，其近感觉（皮肤的敏感、对身体和运动的感觉、平衡觉、味觉）比远感觉（嗅觉、视觉、听觉）更重要。后者直到孩子三岁时才值得关注。

两三岁时的感觉概述

1. 听觉

◆孩子能够区分表达不同情感（温柔、恐惧）的声音信号，大声和安静，以及声调高、低，声音类型的不同（人、动物）和单词发音的长短。

◆歌唱能促进孩子的节奏感及语言能力。

2. 视觉

◆在各种情况下关注物体。

◆摆弄物体促进手眼协调。

3. 触觉

◆体验肌肤的不同感觉印象——温暖和寒冷，粗糙和光滑，锋利和钝，湿润和干燥。

◆最重要的触摸器官是手上的皮肤感受器（不再是口）。

◆抓和触摸的过程。

4. 动觉

◆发展不自觉地控制和引导身体动作的能力。

◆感知身体的变化（例如，伸展双臂）。

◆协调和自信的动作自然而然发生。

◆开始接受教育，能意识到自己的身体构造，它的极限和能力。

◆保持平衡变得更为稳定（内耳的器官平衡、姿势反射，眼睛对特定姿势、位置或动作中的身体进行调节和控制）。

◆位置与空间定位的发展（将自己与其他人和物体联系）。

2.3 关系和言语行为——从自理到争取独立

两三岁孩子的情感发展以逐渐远离他所直接“信任的人”的过程为特点。

在独立运动的过程中，也就是从母亲和/或父亲身边远离的这一运动中，一方面，孩子两岁时开始渐渐脱离母亲和/或父亲。而另一方面，一旦这些人在他的视线中消失，或当他的计划失败时，他又开始害怕并寻求保护。

这是两个因素在相互作用，一方面孩子渴望行动的自由和独立，而另一方面又要寻求亲人的接近和保护。

孩子开始往往很黏人，害怕独处（分离恐惧阶段）。但到快两岁时（从18个月起）孩子开始显现出自信。孩子（争取获得独立）和他的父母（试图设定界限）之间的冲突越来越多。

这时只要不能达成耐心的妥协，甚至在孩子还不怎么会说话的情况下，武断的争执（叛逆期）就会出现。在第三年年底，这些爆发的情绪得到缓解；孩子们学会放下自己的需要，也可以更经常地使用语言找到解决方案。

与婴儿相比，幼儿从12～15个月就开始表达不同的感情（如生气、嫉妒、喜爱和拒绝）。一旦工作（玩耍、探索）受到打扰，他就会生气。另一方面，他喜欢通过指点或演示进行沟通。

共享或者给别人物品等社会行为是较好选择。在随后的叛逆期，孩子想坚持自己的意见，而当这些似乎无效时，他们经常做出愤怒或者疯狂的回应。明确的规则和父母的榜样示范能帮助孩子明辨是非。

两岁至两岁半的孩子有时显得很独立（如饮食），但是，他确实需要不断的帮助。然而，这种不可遏制的独立做事的冲动也会让他负担过重，而这反过来又导致嫉妒、黏人、以及对父母慰藉性保护的需要。

三岁时，他已经成熟到可以结交朋友，并理解读给他听的故事。现在，孩子可以上幼儿园了。

幼儿语言的发展是从两岁时的手势语开始的。通过指点和发声，他吸引注意来满足自己的需求。从语言方面，他开始形成如“妈妈、爸爸”等音节。他的词汇在和父母相互作用的帮助下获得扩展，例如给物体和人命名，以及玩听词指物的游戏（如茶、球、车等）等。

一岁半到两岁时，一个词的句子变成了两个词的句子。孩子需要很久才能识别自己的名字并用“我”的形式来指代。

两岁到两岁半的儿童可以使用“我形式”。简单的交谈、问问题、使用方位副词（前、后、下、上）和对各种需求的表达（如饥饿）变得越来越频繁。

2.4 玩耍和学习行为——从模仿、践行到自我尝试新事物

“孩子们的游戏不仅仅是游戏，这是他们最重要的行为。”

（蒙田）

在这个年龄段，玩耍和学习紧密相连。两个词在这里含义相同。这一阶段的每个活动、每个动作都非常独特和新颖，也就是说，每一个活动，无论是玩耍还是学习，都在为儿童的身心发展添砖加瓦。

两岁幼儿学习活动的动力主要是根据自己的需要去模仿，也就离不开他对面部感官的探索。

在两岁之初（12~15个月），孩子试图用身体、手势、面部表情和语言模仿家庭日常的和个人的卫生习惯。15~18个月时，在玩耍时，他表现出更强的耐久力（持续15分钟），其特点为重复和进行系列的动作。适合两岁儿童的热门游戏有，把一定形状的物体粘到正确的空缺处、拼图、搭积木（4~8块积木搭在彼此顶部）等。

在两岁至两岁半的年龄，幼儿开始通过分组（如根据大小）、分类（如根据颜色）和转移（例如，一片一片）来研究量、尺寸、重量和空间关系。他在最早的角色扮演游戏（例如，布娃娃或玩具动物）和创意建筑实验中开发自己的想象力，两岁半至三岁时开始具有三维空间结构。

对于孩子来说，玩耍意味着为了学习而工作。一岁时，玩耍的对象主要是自己的身体；两岁时，开始玩物体，并表现出较高运动水平，被称为功能性玩耍。孩子自发的、没有任何压力地发展自己的想象力。他一直在跑、跳、拉和推，并且总是以社会交往为动机，也就是说，他试图接近别人，但也喜欢观察（平行玩耍）。

学习一直是相互交流经验的社会过程。由于词汇量扩展、双信号信息（如口语词汇加上适当合宜的手势和表情）现在显得越来越重要。

三岁时，孩子动作的质量在持续改善。孩子通过与物体或其他孩子的接触不断练习，不断对自己的身体技能进行实验和评估，不断体验新事物并开发自己的智力和创新能力。根据自己的性情，利用可用的好机会，孩子积极扩大着自己的技能和独立性。

学习基本动作有四种初步方法：

◆情境学习：学习过程随不同情境和行为而调整，其形式为生理和心理上的挑战及具体的运动指令。

◆以学习和学习成功为动机的基础自我教育实践：

儿童并非天生灵巧，他们需要机会。

◆向各个方向移动。

◆重复，从而通过经验学习。

◆利用自己的新动力。

◆开始学习、树立学习目标越早越好：

有意识地尽早为孩子提供机会、物品、工具等，以训练培养其灵巧性、动作组合和动作记忆能力。这是个好主意。

◆在没有压力的情况下，通过支持和鼓励而不是通过提要求来改进孩子表现：

当孩子在别人的亲口赞美中做动作时，动作变得更流畅；孩子感觉到进步、获得信心，并更愿意完成更多新动作；其动作质量因赞扬而提高。

2.5 卫生行为——越来越远离尿布

两到三岁时，幼儿的主动技能进一步扩展，包括摄入食物、排空膀胱和肠道等能力。

如果孩子要养成营养均衡、卫生健康的生活习惯，发育良好的神经结构和孩子的主动性十分重要。

到新地方时，由于不是按家里的正常程序进行，孩子需要进一步培训。就游泳池而言，一个放在泳池边的便盆就可以帮助孩子进行排便训练。一般到三岁后，孩子才愿意使用真正的厕所。

婴儿清空他的膀胱是一种条件反射，并且很频繁（每天约30次）。只要这个小膀胱已满，就会排泄。

他的神经发育意味着在6～12个月这一年龄段间，排尿的频率由于对无意识的排尿进行约束而减小。两岁时当孩子有不愿意在水中排尿的感觉时，这种习惯变得更加明显。

两岁末时，孩子已可以充分控制自己的括约肌，而且似乎已注意到排尿或排便的需要。

他需要小便的次数下降到每天10次。到孩子四岁时，他的膀胱已经达到了一定容量，即使膀胱略满也可以主观上选择不在水中排尿，或者换句话说，他可以控制了。

适当的卫生控制直到3～4岁才开始。

根据统计结果，在三岁时，97%的儿童都会进行排便控制。90%的儿童直到五岁才能有效控制膀胱（白天和晚上）。

通常到这个年龄，孩子的心智也足够成熟，意识到需要保持自己的清洁。孩子这时有了整洁的感觉，并跨越了关键期知道什么是得体的行为；他发现他的膀胱或肠道绷紧，发现湿的内衣很不舒服。

不管外部要求如何，孩子希望做出这样的行为，他能知道自己的需要，能够表达这种需要，并能独自排空膀胱等，这让他自信满满。

这是一个复杂的发展过程，主要取决于孩子独立行动的动机，他的感知技能，最终是他自己把这一过程在整体情境中定位的能力。

2.6 显著的运动缺陷和感知失调

本节主要介绍一些运动缺陷和认知障碍，以及为亲子课的一些特别措施提供建议。

孩子的运动发展是非常个性化并且充满变数的进程，一般很难判定一个孩子的动作是正常的还是有问题的[①]。当许多孩子在一个小组内共同活动时，可以更容易地观察到个体特征。

这时候父母的洞察力十分关键；因为一直陪伴孩子左右，他们比别人更了解自己的孩子。他们知道在特定场合孩子会表现出哪些行为，如果他们不十分确定，他们应该咨询课程教练或儿童医生，以便能够尽早并以适当的方式帮助孩子。

一般不会对两到四岁儿童进行体检，检查孩子的发育情况[②]。如果孩子出现某种发育障碍，父母应该去咨询专家。这样，不需耗费太多的精力周折，就可以有计划地推行某些形式的运动，而这些运动既具有预防性，也具有治疗性。其基本观点如下：

这些偏差越早得以识别，矫正治疗方案越具体，就越可能获得成功，也因此减少了反向发展的可能。

① 要学会区分体弱和不太爱动的孩子（安静、喜欢自己玩耍、乖巧、不太惹麻烦）和好动的、不能集中精力的孩子（烦躁、不停在动、注意力集中时间短、玩耍时间短、容易受外部影响、要求高），以及对运动过度敏感和被迫运动的孩子（所有动作都困难、笨拙、避免一切形式的运动）。

② 检查7是为24个月大幼儿，检查8是为超过43个月的儿童进行的检查。

如果运动缺陷或知觉紊乱确实在这一时期产生，这些在刺激接受、传递或加工方面存在的干扰，都会显现在脑中。

他们可能来自感觉器官（如过于敏感或欠敏感的眼睛、耳朵），或来自大脑（如出生之前、期间或之后缺氧、早产、轻微脑出血）。

获取信息的七种感觉系统：

1. 触觉系统：通过皮肤表面获取运动和触觉刺激，然后做出保护性（原发的）和判断性（精细觉的）的反应。深度敏感性是指触摸、压力或振动的施加被准确识别。

2. 平衡或前庭感觉系统：视觉和位置的刺激相结合，并控制肌肉紧张①。如果不能把视觉保持在某一物体或某一地方，这是视觉干扰的迹象，孩子就不能处理他看到的东西。

3. 本体或动觉系统：一个人对自己运动的感知和认识，是通过对肌肉、肌腱及关节的接触和施加压力，从而产生并被传递的。下一步运动过程的确定和实际规划，要与对人体结构和对人体的外边界（身体构造）的认知保持一致。

4. 视觉系统：眼睛识别物体（前景和背景区分），形状的恒常性（识别对象的类型），其空间位置（下、上、前、后、旁边）和空间关系。

5. 听觉系统：这通过两种不同的方式运作。当耳朵收集听觉印象时，嘴巴形成讲话的音调②。

6. 味觉系统：通过舌头上的味觉神经对嘴里的东西进行辨别，区分材料表面、质地和味道的类型。

7. 嗅觉系统：气味是由鼻子感知，然后按类型（甜、酸、温和、辣、愉快等）进行区分和评估。

① 80%有发展障碍的孩子难以控制平衡。

② 70%有言语发展障碍的孩子基本感觉的处理有障碍。

所有这些感官印象[1]都会汇集到大脑中，所谓的感觉整合就是这样产生的，它使我们能够正确地学习并做出反应。

学习困难发生于这些时候：

◆不能区分重要和非重要的事物。

◆不想要的感官刺激不能被阻挡在外，也不能被过滤，这使大脑应接不暇。持久的注意力分散使得对事物的长时间专注变得不可能。

◆刺激不能被感官足量接纳。

◆刺激信息无法识别，也无法协调[2]。

一岁时最常见的知觉障碍有：

◆基本的肌肉张力障碍（肌紧张过高或过低）。这用来区分肌紧张减退（无力的、松弛的）和肌紧张亢进（扩张的）的孩子。第一组孩子可被描述为多动、不会摆姿势、笨拙、缓慢、虚弱和反应缓慢，第二组孩子的运动则趋于紧张（特别是精细运动动作）、僵硬、缺乏韵律与协调性、粗糙和过于宽泛。两种类型的孩子都容易疲劳，这导致他们不喜欢运动。对于肌紧张减退的孩子来说，运动太费劲，他们不喜欢它。他们避免运动，不愿意做出努力，其结果是他们的运动发展受到阻碍。对垂直位置的快速高强度运动给与实际帮助。

① 七种感觉是根据与身体相接触的刺激源（手的触摸感觉，内耳耳蜗的平衡感觉，肌肉、肌腱和关节的运动感觉，舌头和上颚的味道感觉）的近感觉（基本感觉）和离身体较远的远感觉刺激（看、听、嗅觉）进行划分的。整合良好的近感觉形成了远感觉最优发展的基础。

② 协调感觉从3～4个月的时候开始。8～9个月时，时间和空间的刺激信息被识别、存储、实践，并被有意识地重复（例如，用积木相互敲击）。

可以对其进行矫正。肌紧张亢进的孩子在跳跃、玩闹、翻转、攀爬以及投掷重物等时，形成了强直性肌肉筋挛。长时间的、仔细的、有意识的运用放松的身体姿势进行的运动，可以有效减少强直性肌肉痉挛（如摆动、针对形状和大小的精细动作游戏、按摩等）。

◆肌肉群、肌肉链、部分身体整合工作的障碍（协调性低）。其明显表现是身体或身体部位的某些动作不协调，并且不能被单独执行（解离）； 反而会产生多余的、所谓关联的动作。大脑的左右半球各负责身体对侧部分，当它们不能正确合作时，就会产生这种状况。幼儿期可以观察到三个最显著的协调区：双手协调（例如，当拍手或给珍珠穿线时），手眼协调（例如，当筑塔或朝目标投掷东西时），以及手足协调（例如，当蹬踏和操控三轮车或攀爬时）。18个月时，儿童一般不喜欢大部分时间都使用同侧的身体部位。交叉运动（例如攀爬）时可以均等使用两侧，这样孩子就可以在一个稳定的方向保持移动。稍后，偏侧性过程开始，也就是两个半脑中的一个在更大程度被激活。左右用手偏好是一个发展的过程，一直持续到孩子5岁。

◆吸取有关数量和方向等方面经验时的障碍（注意——集中）。其明显表现是当孩子有太多的刺激时，他一直不能专心，很少倾听，并且不进行任何有兴趣的活动，而是频繁变换活动，并很快厌倦。这里提供的建议是，通过较强的身体接触（或许是按摩），有意识地只给他几个玩具玩耍，通过明确的日常程序照顾和关心他，让他习惯了某些程序，制定出清晰的行动方法，并学会坚持执行。这样，孩子感受到他所需要的支持，他的适应性开始提高，并获得自信。简单的、不断变化的活动设计可以让多动儿童学会自我控制（例如通过改变方向的旋转和中途停止的跑步等）。

◆触觉认知障碍（触觉过度敏感）。由于中枢刺激神经线较弱，触摸被认知为是不愉快的。因为刺激阈值很低，应该避免促使这样的孩子突然改变体位。拥抱、抱起和摇摆时，要极其温和地呵护和触摸，以及用不同的材料（海绵、刷子等）对孩子进行逐渐的抚触，都有助于打破这种过度敏感。在此之后，人们必须设法让他习惯触摸感知，例如，通过在有限的区域内玩要（隧道垫）、赤裸玩要、赤脚走路、在父母的腿上转圈和摇摆，以及与其他孩子一起玩游戏等。这样孩子就会恢复正常。

◆脑功能障碍（轻微脑功能障碍，即MCD），这一术语是对上述运动和感觉方面的缺陷以及随之出现的轻微障碍的统称，例如信息量摄入能力较低，记忆功能较低，处理视觉、听觉、触觉、动觉和前庭信息的能力偏弱、衔接困难、中枢整合困难或反馈控制机制缺乏等。其表现形式为多动、肌肉运动缺陷和言语迟缓等。

3 父母与课程教练

3.1 孩子个性发展过程中父母的角色

"父母应把自己看成是孩子的伙伴，要不断激励和鼓励孩子，但也应该被孩子鼓励和激励。"

（迪姆）

在孩子的成长过程中，他的情绪可能会急剧变化。为此，父母应随时准备好该怎样来应对。在两岁早期（13～16个月），幼儿相当情绪化。一方面他寻求亲密的人际接触；另一方面，他又发动了战斗，不再愿意被抱着和携带。但同时，他反过来又要寻求父母对他行动的支持。而他的肢体语言使人们难以了解他的需求。

到17～20个月大的时候，孩子已经学会了如何吸引父母的注意，他试图用积极和消极两方面的行为来做到这一点。在早期的逆反阶段，父母要进行有策略的移情，即通过给孩子出些有启发而且有趣的点子让他自己玩起来，而与此同时鼓励他自己去寻找解决方案。

到了两岁时（21～24个月），孩子常常拒绝合作。父母必须挑战并突破这一障碍。当孩子有机会提供帮助时，实际上并没有指定的任务（例如，在家里、叠泳衣、脱衣服），孩子会感受到参与其中，他能利用自己的知识，而且他是被需要的。赞美和认可应是经常使用的教育语言，在必要时也可以使用一些责备的话语。

从25～28个月，孩子一般已经有均衡发展的行为。他活跃而且充满活力。他变得更加独立，并且在感觉到父母的控制干预时，他变得很固执。

在变得越来越独立的同时，幼儿在游泳课上的角色行为也在发生变化（29～32个月）；无论是家长还是游泳教练都必须考虑到这一事实。建议把初学者单独分组，这样他们更容易熟悉和适应，而不会使他们负担过重。孩子慢慢地知道了课上会发生什么，课程如何进行，并开始熟悉他的课程教练和其他小组成员。他可以静静坐着、倾听和等待，当他完成任务，特别是在得到教练称赞的时候，会感到高兴。

一旦孩子习惯了课程教练，就会变得听话。他更愿意接受来自教练而不是父母的批评。他经常自豪地向父母展示他新获得的技能，这是他角色改变的明显标志。孩子希望被他的崇拜者所喜欢，的确如此。但是，当他不能成功完成一些任务时，也会感觉到轻微的压力。

孩子自我教育和独立行动的提高意味着父母将成为保驾护航的人（观众和辅助作用）。父母还担任对某些游戏活动或任务进行解释的工作，这包括那些与其他参与者，即小组或教练一起进行的活动。父母帮助孩子完成活动，保证他的安全，并给予他鼓励。在这个新角色下，父母必须有意识地激发、安慰和鼓励孩子，而不是对他施加压力或进行评判。

从三岁开始，孩子需要父母作为玩伴。这使得游戏更有启发性。由于现在孩子已经能够理解他所观察到的，并可以把口头解释付诸实践，父母的意义在于树立榜样（父母的示范行为）。他们进行干预的多寡，他们在听课时专注与否，参与是否积极，对水是否做出积极的反应，以及如何融入团体等，这些因素都可以对课堂学习产生积极影响并提供支持。

如果孩子对是否上课显得犹豫不决，较好的办法是先让他在一旁观看。他的父亲和/或母亲应该有针对性地参与课程，以激发孩子的参与意愿。经过一段时间的思索以后，他将走出孤立状态并参与课程。

四节课后，初学者心中原有的不确定感和内心拒绝一般都会消失。课程中途随时都有孩子可能会拒绝完成某项任务。如上面所述，再次建议在尝试其他任务之前，先等待一下。简短的暂停休息（在游泳池阶梯上或在泳池外等待）只在特殊情况下才是恰当的解决方案。

GESUNDHEIT

3.2 课程教练是顾问，是有创意的设计师，是与幼儿和家长联系的桥梁

课程教练既是专家又是教学顾问。

首先，教练必须要注意一些事宜，比如要一直用孩子的名字称呼他，因为这说明了课程的开放性。课程教练偶尔带孩子入水让双方接触开始增多。随着孩子语言理解能力的增长，特别是在三岁时，课程教练和孩子之间的理解效果会更好。

要想成功地对孩子进行课程指导，必须对孩子的发展信息有所了解。这些信息可以通过孩子参与其他活动的清单获得，从中可以了解到孩子为什么会缺课。随后，课程教练会讲解如何促进孩子发展的教学内容，并就抱持方法、对水的适应以及跳水技巧等为父母提供建议。这些讲解和建议必须要适合孩子的发展水平。任何可能提出的问题都应得到解答。

由于儿童情绪的频繁波动——特别是两岁时——运动创意、游戏和活动都应该在手头有几个可能的解决方案，以便随时改变活动安排，让孩子们可以理解。任务难度必须根据孩子当前的表现水平进行选择和调整，这样可使孩子总是能够自己探索和发现。

课程教练在课堂上的职责是激发孩子的兴趣，使他们乐意参与，并制定出他们能身体力行的运动任务。其诀窍是要控制运动量：如果要求太高，孩子会很快放弃（害怕不能成功）。

对三岁的孩子尤其是这样，此时他已能在头脑中策划并评估自己的计划。如果他获得足够的时间来重复动作，他将聚集更多的勇气。但是，如果任务太容易，孩子的兴趣又会降低，他会觉得越来越没劲；他开始独自玩耍，并再度转身离开。

基于这样的原因，*巡回训练*（每站有不同任务）已被证明是一种非常成功的方法，因为这一练习富于变化，而且人人都能各取所需。每个孩子能好好利用自己当前的兴趣。孩子完成这些练习时表现得越稳定、越自信，他要求再次练习的可能性就越高。

如果要使用材料和辅助设备，必须事先考虑其目的和效果：设备必须具有一定挑战性。

课程教练必须考虑以下几点：

◆以一种令人信赖的方式支持亲子关系。

◆鼓励孩子和父母一起以适当方式行动（对他们讲话，进行演示）。

◆教学活动必须结构清晰，并对活动流程有明确规划；要能有所帮助；要采取安全措施；要准备好相关设备和材料，并能灵活运用；确保安全规程被遵守，如果不能，要进行干预。

◆让孩子成组活动；让他们不再拘谨，并鼓励他们互相帮助。

◆尽可能少地用打断孩子方式来纠正错误，而是要提供活动支持。教练应注意完成任务的方法，把任务分解成简单易行的步骤。

◆让孩子和家长参与任务活动，例如：安排他们做各种工作（父母语言，儿童语言）或安排他们在特定位置以保障安全。

◆当孩子的行为让父母失去耐心时，鼓励父母以使他们平静下来；面对这样的情况时要能够同情和理解。

◆直到所有参与者都在关注时才宣布任务。话要说得缓慢而清晰。要用孩子掌握的简单词汇作为标准。

◆实际活动之前，要给家长和孩子足够的时间和机会去适应设备。

◆教学方面要考虑下列方法：孩子越小，就越有必要改变活动类型、地点和组织形式，中间的等待时间可以安排得短一些。

◆课程教练说话时一定要注视着孩子和家长的眼睛；否则既不能被他们接受，也不能得到预期的关注度。

4 幼儿游泳

4.1 幼儿活动、游戏和运动的意义及目标

“健康的孩子总是闲不住。给孩子事情做，这是能给他们的最好礼物。孩子根本停不下来；他想要的是工作任务！”

（福楼拜）

生命后期出现的身体上或精神上的困难和缺陷往往可以追溯到童年早期。我们的生活方式、生活条件、不断进步的机械化和自动化是以牺牲身体锻炼为代价的，人们不再在空闲时间进行均衡的身体锻炼（汽车替代了自行车，电视机替代了散步），而这往往威胁着我们健康的生活方式。

为了预防心血管和呼吸系统疾病、代谢紊乱，自主神经控制障碍，肌肉、韧带、结缔组织和身姿的衰弱，以及运动协调的缺陷等多种疾病（都是由缺乏运动引起），有必要多进行适宜的运动。

人们要利用有计划的运动和玩耍的机会，鼓励并有预见性地加强孩子的发展，提高其技能并健全其整个人格。

水中的早期运动可以增强儿童的身体健康状态和他们的肌肉活动。这促进他们享受运动，并让他们发展团队内的社会行为。在学习游泳前，以准备练习的形式让孩子适应水的意义，是为了让孩子熟悉水性，这是我们与不会游泳的人一起工作时，必须掌握的事实和方法。总的来说，我们要从整体的和多元视角的角度来看待体育、运动和日常文化，特别是亲子游泳的发展。水中活动不仅仅是体育活动，还可以提供玩耍和娱乐，用来放松和补充元气，进行健身和治疗，促进社会交往和身体接触。幼儿游泳让孩子有机会和父母一起，通过亲密的身体接触和较密集的运动，以此来共同体验和发现一个刺激身体、感官和运动的媒介。

最重要的目标：

◆让孩子实现他们的运动欲望，为此给予他们足够的时间、理解和机会。

◆有助于孩子健康、独立、自由自在地发展。

◆通过皮肤接触、共同体验、加强互信等强化亲子关系。

◆加强心血管和呼吸系统①，以及骨骼、韧带和肌肉结构，以预防呼吸障碍，或运动系统的局限性。

◆通过刺激和双侧动作来完成协调、平衡和身体的控制。

◆通过强健肌肉，增加关节的柔韧性来改善身姿，预防脚部的缺陷。

◆使孩子的感觉和知觉更灵敏。

◆为心智表现进行能量储备和体力补给。

◆通过组内的运动游戏启动/实践/促进社会行为和社会技能。

◆让孩子习惯水这一介质，并为适应阶段的简单水中运动做好准备。

◆调节孩子的睡眠行为和食欲（二次效应）。

① 特别推荐有哮喘病的儿童在温暖、潮湿的空气中运动。

4.2 互动活动刺激的概念——一起探索水的世界

三岁的孩子不会游泳，而且由于他目前的发展状态，不能够识别和评估危险，因此要依赖父母的保护和陪伴。他能从父母或所在的小组中得到最好的刺激，去尝试和学习新的东西。小组成员在一起的最大好处是所有参与者对同样的事情感兴趣，例如与其他人接触，聚会参加集体活动，以及相互支持等。这就有了各种互动的可能性。

孩子们一起玩耍，家长们互相沟通。作为社团里相互支持的个体，小组以上课的形式体验到，课程教练的活动是如何被孩子和家长都接受的；他们一起尝试和检验，然后自己进一步发展。

幼儿有很高的要求：他们需要很多关注，享受有人欣赏和给与好评，近乎执着发展自己的独立性。然后他们开始寻找适应与学习的榜样。在探索过程中，他们勇敢地探测自己的边界，同时当需要依靠时会寻求庇护。

水中的互动体验使家长更了解孩子的个性和独特性。通过不断的视觉和身体接触，孩子感受到他们的关怀，感到自信和满足。

上课时一般不会用到游泳辅助器材。因为孩子在头三岁时对连接能力的体验特别强，上课时会反复练习皮肤接触、沟通、玩耍、相互关注等因素。同时，当父母和孩子一起完成和经历各种事情并不断观察他时，对孩子的技能有了更多了解。随着孩子独立性的发展，父母更愿意允许他有更多的空间。

4.3 运动和游泳行为的学习

运动技能的学习过程需要三个步骤：*总体协调*、*精细协调*和*最细协调*。总体协调以信息处理为中心，运动行为需要进行规划，因为它们刚刚开始，是全新的。这些过程仍然会经常不成功，需要重复和调整。幼儿需要一段相对较长的时间来处理新的信息，也需要花费较多努力来进行这些活动，并且他还没学会节省力气。他的系列局部动作依然不流畅，表现得颇不稳定，交织着忽动忽停、加速和减速。这一功能开发的阶段被称为认知阶段。

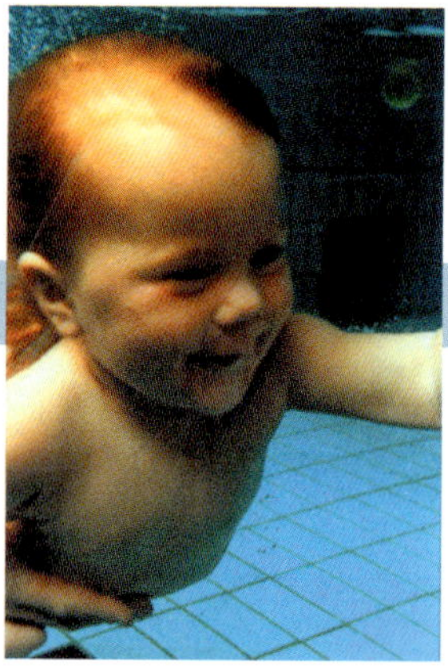

重复运动时所需的关注量越少，孩子就越有能力同时从事多项运动。流畅运动过程一出现，孩子在心理上就开始期待其他运动。频繁重复和变换运动形式使得运动方式更灵活，更有节律，也让肌肉有了新的控制能力。当运动可以流畅进行，相互结合并能根据情景而灵活变化时，关联阶段开始了。

两岁时，孩子通过重复和满足自己的功能性欲望（开门、关门、开灯、关灯、装满水、倒空水）来练习和提高动作熟练程度。动作变成了达成目的的手段。三岁时，就结果而言，许多动作（平衡、跳下）包含不确定性因素，这一点令人兴奋，同时还交织着孩子脚踏实地或者被父母抓住时如释重负的感觉等。孩子通过尝试和测试进行学习，通过敏感的知觉感官进行体验。精细协调能力和信心得以提高。

自动化阶段，即最细协调，要经过很多年才能实现。只有到那时，孩子进行运动的注意力才可以转移到行动目标上去。

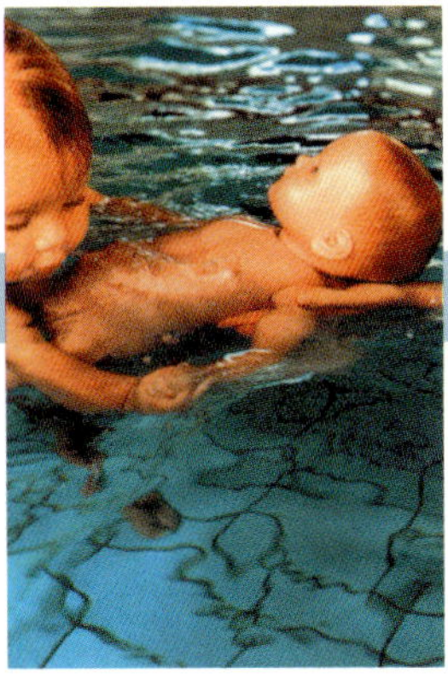

对于19～24个月大的儿童来说，一个完整的运动链包含多项运动技能（跳跃、潜水、水下活动、把自己拉起来、池边扶靠），只有少数孩子可以做到。大多数孩子可以展示这个运动链中的个别部分，但不可能会游泳。这主要是因为他们在俯卧位时不能抬起头来呼吸空气。

幼儿前20个月腿部动作的发展可以用示踪扫描照片来记录，并被描述为两个阶段。第一阶段（3～11个月）中，约80%的动作是由反射或情绪控制的。第二阶段（11～20个月）中，可以任意控制腿部的动作。一岁时，根据年龄和发展状况，孩子的腿可以踢、可以平行伸展，也可以两腿交替。孩子的身体主要是由他的父母的手支撑保持水平俯卧位。两岁的孩子想要在水中垂直走动，而且腿总是交替移动。

根据年龄及发展状况，臀部、膝盖和脚踝的角度会发生变化。在开始的时候，可以把动作形式描述为“蹬踏”，然后为“脚后跟上提”，最后为“画圈”。这些动作最初不产生任何推进力，在孩子三岁时会变得相当强，而且由于孩子此时愿意采取俯卧位，变得更有效。在这一阶段的动作被称为“狗刨”，或由于是开始学习的第一步，被称为“人的自然游泳法”。

这一过程与幼儿运动学习发展的理论是一致的，而这一理论通过观察和个人思考得来。

1. 适应性学习：孩子们通过主动和被动的运动学习。

2. 感知学习：孩子通过引导自己的注意力，并关注运动过程进行动作学习。这一学习过程是积极的认知理解过程。虽然感官印象还没有反映，但印象自身已经被加工记录。

3. 主动学习：孩子在玩耍中体验动作并尝试变化；这些随后都发展成技能。在叛逆期，他尝试自己完成任务的渴望会更加迫切。通过亲自尝试，孩子提升了自我，并了解了自己的极限。

4. 理解性学习：孩子三岁时，开始对运动如何发生并且为何发生产生兴趣；他获得了洞察力。他带着好奇探究事物的运作机制并开始探寻问题的因果关系。

其他经典的幼儿年龄段学习模型理论补充：

1. 模仿学习：孩子观察人、动物或玩偶的动作，并模仿这些动作。

2. 强化学习（操作条件）：孩子受到鼓励，以获得继续练习和学习的动力。

3. 信号学习（刺激–反应学习）：发出口头信号（“1–2–3”）后，孩子学会专心于动作，并做出反应（例如，从池边起跳）。

4. 回避学习：如果一个动作被反复禁止，孩子就会记住避免做它。

5. “尝试与犯错”学习：通过测试自己的技能和能力，进行成功的和无效的尝试教会孩子避免犯错的最好办法。

学习以加工经验为基础，而加工经验的基础是通过刺激的连接和组合或信息分类（集群形成）而发展的关联发展模式（理念）。

两岁时的动作学习是通过以下因素触发：

◆对事物如何运作的好奇心。

◆模仿和重复。

◆激励——通过鼓励和赞美的话对成就加以认可。

◆繁多的玩耍形式和机会。

随着言语理解的提高，以及探索自己周围环境并与其他孩子一起玩耍的渴望的提高，幼儿开始：

◆自觉遵守动作指令。

◆学习如何解决运动任务中存在的问题。

他开始以观察者的角色，观看其他人的动作，对其进行比较，并将其付诸实践。

4.4 研究结果、预期成效与最终结果：孩子最终学会游泳是什么时候?

MUKi[1]关于一岁婴儿游泳对其运动发展影响研究的结果清楚表明，通过游泳可以改善身体姿势和平衡能力。此外，频繁的参与度、父母对身体接触和游泳所持的态度及具体行为等因素，都被证明有非常显著的影响。

一项关于平均年龄18个月大幼儿的研究得出的结论是，这些孩子对水的经验[2]让他们对水的处理更娴熟。这一点在洗手或淋浴时表现得特别明显。

父母组之间也存在差异：比起那些孩子们没有水经验的父母，“游泳者”的父母能更舒适地呆在水里。其可能的解释一方面是对水的适应过程不同，另一方面则是兴趣差异以及父母的鼓动水平不够。

另一项研究探讨了早期刺激对三岁和四岁孩子发展的影响，并确定某些影响能有效促进孩子的个性发展，例如：更好的情境适应能力，更高水平的自信和独立性等。他们把这些事实归功于早期的运动和培养独立性的经验。

一项研究表明，社会收容机构中长大的孩子，其发展缺陷以及对身体控制的缺乏能够在幼儿时期通过运动项目和水上游戏纠正。这指出了进一步发展整体运动技能、社会交往和言语行为的重要性。

① “Motorische Untersuchung von Kindern im ersten Lebensjahr” = 一岁儿童运动活动检测。
② 在三个月大时经常参加婴儿游泳。

幼儿时到底可以实现什么样的成功在很大程度上取决于：定期参与、课堂气氛的营造、课程教练所制定的课程内容（要适合孩子的发展）、家长的配合，及最后而且最重要的——孩子迄今为止的经验。

已经参加游泳课程的幼儿在三岁时会发展出以下水中技能（以累积的形式）：

◆有父母在水中用手扶持时，能保持俯卧和仰卧位的平衡。

◆在手拿辅助装备（如游泳板）时，能保持俯卧和仰卧位平衡。

◆从俯卧位转换到仰卧位，以及从俯卧位直立转换成垂直位置。

◆转换成垂直位置时有方向的变化。

◆在没有帮助的情况下能自行潜水并浮出水面。

◆借助游泳器具或父母的手掌支撑，俯卧或仰卧位双腿交替划水向前移动。

◆听到语言信号后，手臂动作（鼹鼠挖、狗刨）和腿部动作同时进行。

◆在池边用手交替移动。

◆习惯水，在淋水试验或水花泼溅，把水倒在自己头上时，不会有不确定或害怕的反应。

◆滑行到水池边，自己浮出来。

◆挂在游泳池的边缘，水下呼气。

◆挂在游泳池的边缘，潜水下去。

◆从泳池边缘松开一只手，转身并把自己推离泳池边缘。

◆在水下向着目标潜水，然后站在目标上面（例如在阶梯上）。

◆在听到“1 –2–3”的口令后跳下并潜入水中。

◆在水下朝着父母的手臂滑水、游水1～3米。

◆由父母背着在水面上、下游泳。

在新人需要应对这一学习挑战的一段时间内，对他们的衡量标准如下：到目前为止他们在浴缸内的体验、他们如何融入群体和新的环境、父母对水的态度、孩子的性格和学习意愿。孩子总是自己决定运动节奏，以便在水中找到安全感，决定要接受还是拒绝父母的帮助，以及如何掌控局势。

孩子能否学会游泳这一问题取决于其身体的、运动的、认知的、情感的和社会的发展。决定性因素是他的中枢神经系统的发展状况、注意力的能力、实际应对水的能力、对任务的理解和已有的运动经验。这一水平的成熟度和学习意愿通常只会出现在5～6岁。

Ⅲ 幼儿游泳的实践层面

5 课程计划与组织

5.1 课程规划和实施过程

两三岁幼儿的亲子课程需要精确的计划，这就是说，分组时必须考虑年龄、能力、学习状况等因素，要让每个参加者都觉得自在并适合其经验水平。

幼儿游泳无论如何不应该被视为婴儿课程的自然延续：很多父母仅仅刚开始和这个年龄段的孩子一起游泳，因此在很多情况下都没有下水、参与小组和课程学习的经验。

为组织方便，我们建议注册时为初学者及其后续课程学习者制定名单，将其大致按照年龄合理分组，分组方式也取决于注册人数（比如13～18月、19～24月、24～30月、30～36月）。

18个月大的孩子基本能够走路了。此后，他们需要很多的自由空间独立行动；24个月大的时候，他们的模仿意愿和语言理解已得到充分发展；30个月以后，他们就有了表达能力。

因此，课程教练必须按照每个孩子的发展水平设计课程，然后才能通过演示小组任务和语言指导来组织、设计先导课程。

如果不考虑诸如泳池大小、经济困难、监管设施、物质环境等因素的话，一节课理想的分组规模是8个亲子小组。

不建议孩子的兄弟或姐妹参与同一课程，因为家长必须全程监控一个孩子。与游泳课程同步的对幼儿防护设施的介绍，值得推荐给家长们学习。

无论是封闭注册课程还是延续一年的开放注册课程，都应在社区开设，并且应开满10次课，每次45分钟。这样的一节课才有足够的时长，可以计划一个总体目标，通过提前设计重点不同的各项活动达成目标并逐课推进。

我们必须规划一节课的主题，但不能教条，要按照每个教学时段规划进展步骤，而不是按照单独的课时。这样就确保了足够的发展空间，也考虑到意外的情况，保留了课程的趣味性特征，使父母和他们的孩子在水中不断进步。

一个已被证明成功的方法是，挑选出特定主题，然后只使用一个游戏对象——但非常深入——并让孩子对这一对象进行实验，找出他们可以用它做的所有事情（挑战他们的想象力）。

5.2 父母须知及关于家庭淋浴和洗浴游戏的建议

孩子与水的接触或多或少是他日常生活的一部分。洗涤、淋浴或洗澡都是我们保持个人卫生所需要的。当孩子可以平静地享受用水清洁身体时的愉悦，没有任何时间压力，并且有充足的玩耍机会时，孩子就会真正喜欢上这一日常惯例，而不是把它看成是负担。浴缸放上玩具就能让孩子在水里多呆一会儿，年长的哥哥姐姐炫一下自己的潜水技能，为玩具娃娃洗头并给孩子做示范，或孩子的母亲和父亲为他树立榜样，展示沐浴可以很放松，淋浴和洗涤可以变得很简单等，都是不错的方法。

为了免除家长和孩子洗浴时的压力，必须要注意一些要点：

◆当孩子过度疲劳时，不要给他洗涤、淋浴或洗浴。这可能会使孩子在以后阶段拒绝进入水中。

◆洗涤、淋浴或洗浴要安排在没有时间压力的时候，这样容易产生满足感。

◆当洗涤不是“必须”，而是玩耍形式的时候，能够让孩子主动亲近水（同时也离卫生更进一步）。

◆像参与其他活动一样，幼儿对洗浴和淋浴显得非常积极。因此要给孩子事情做，可以让他独自行动，也可以与其他人一起行动。

◆洗浴时间不应超过30分钟，以防止皮肤失去必要的脂膜。如果孩子希望早点出来，要尊重孩子的愿望。

◆浴室里放上垫子可以防滑。淋浴帘可以防止水溢出来，也可以让孩子随心所欲地泼水。

◆不要在水中加沐浴物质。如果需要，可以在出水前的一段时间用肥皂清洗孩子的身体。

◆有一点不言而喻，孩子不应该在没有监管的情况下一个人待在浴缸里。而且，与妈妈、爸爸或者另一个孩子在一起通常会更有趣。与此同时孩子还能以一种自然的方式学会如何习惯自己和其他人的裸体。

◆孩子也需要适当的玩具（大小和质地上）。

◆用柔软的毛巾仔细地擦干身体（特别是皮肤皱褶处），以免刺激孩子敏感的皮肤。

以下形式的游戏适合幼儿：

◆他可以用莲蓬头给浴缸或者其他的盆注满水。

◆了解水的不同温度（热、冷）。

◆他可以改变水流的冲击力。

◆他偶尔也可以拿莲蓬头冲淋自己的身体。

◆他可以坐着用手和脚划水和泼水。

◆当家长从下面用手或臂托着肚子时，他可以趴着学习踢腿。

◆可以鼓励孩子采用上述相同姿势，在水里吹气、吹泡泡、浸入水里，然后看自己的手或某些物体。

◆家长用手支撑孩子仰面躺着，鼓励他将头浸入水里。

5.3 关于游泳池的几点建议

水温应该保持在32 ℃，水深1.2米左右。

理想情况下，泳池应该有让孩子可以抓扶的横杆或者溢流槽，还要有宽阔的台阶，可让孩子在上面坐着、站立或在支撑下进行练习，泳池边上还应设有防滑区域，可供跳水。

孩子们呆在水中的时间不应超过45分钟。根据水温、温度调节、孩子的年龄、运动强度以及当天的个人身体情况等因素，这一数字可酌情减少。

家长和孩子的肩膀应该保持在水里，以防止孩子由于皮肤湿润露出水面而感到寒冷。

孩子们在泳池边或垫子上保持坐姿或站姿的时间不宜过长，同时还要不停地用水湿润不在水中的身体部位。活动之间的等待时间不宜过长。

当孩子睡眠不足，刚从疾病中康复，正在出牙或感觉饥饿时，他必须尽快离开水面，因为这些都会使他很快觉得冷。在水里感觉寒冷的孩子不再有玩的兴致，他攀附着父母；脸上变色；手和脚变得苍白，会暗示或表达自己要离开水面的意愿。

出于安全考虑，公共更衣室最好有可上锁的门，有尿布更换设施，有护栏和密封尿布桶等。然而这些要求并不总是能够得到满足。

要尽可能创造机会或利用机会让孩子自己淋浴或洗浴。自行车内胎接在喷头上就可以作为淋浴设施；孩子们可以自己爬进水盆或水罐。

游泳池里必须有一个紧急电话，以及一个用于放置干燥游泳设备和游戏设备的地方。

5.4 卫生与疾病防治

尽管游泳有很多乐趣，当然也潜伏着危险，例如，由于不当行为造成的不必要伤损和疾病等。掌握一些基本规则可以预防这种情况。在幼儿游泳课程中，父母必须认真遵守这些规则。

只有身体感觉健康的幼儿才可以参加游泳课程。抽着鼻涕去游泳是家长必须慎重应对的问题。在这种情况下，最好是在泳池边放些手纸，以便必要时清洁孩子的鼻子，游泳馆里温暖湿润的空气会让孩子流更多鼻涕。这时候不建议孩子潜水。

游泳池里的所有人都应该要么向后扎起头发要么戴上泳帽（取决于泳池的规定），以免长发漂浮在水中（尤其是触到别人的手或嘴）令人不快。当幼儿的刘海较长时，应用发夹夹住，露出脸来，以防止头发遮住眼睛、鼻子或嘴巴，避免在孩子往身上浇水或尝试跳水时让孩子心烦意乱。

在泳池的这些规定之外，所有的泳池使用者还必须尽自己的努力来阻止细菌传播。这包括个人卫生，最基本的就是在进入泳池前进行全身淋浴（不穿衣服）。两岁的幼儿站立或行走尚未稳定，父母应抱着他们给他们淋浴。三岁的幼儿应自己淋浴或洗浴。穿着合适的沐浴鞋可以防止他们滑倒。

由于离开泳池后立即就有小便的需求，好的办法是让孩子习惯便盆（在泳池边可以很容易看见），并且在某些练习（如跳水）中，当他站在池外时，不时问他是否需要小便。

课程结束时，应该让孩子直奔厕所，然后脱下湿的游泳衣。去淋浴的路上让孩子披一件温暖的浴袍会非常合适。

游泳后在淋浴喷头下（带软管的喷头调到合适的高度）和浴缸里进行洗涤和沐浴，是结束本课程的常见方式。在入水之前，需要进行一次不冷不热的淋浴。而出水后，游泳者则应进行较为温暖的淋浴，因为这可以加快身体的升温过程。

给幼儿穿脱衣服时，要以使他适应周围温度的方式进行，这就是所谓的“洋葱法”，可使孩子的身体逐渐适应温度的变化。换尿布要在温暖的长凳上或有防潮垫的地板上进行。向两边滚动孩子，这样钻进耳朵的水就会流出来。

在温暖的房间，最重要的是先穿上尿布，其余的衣服可以在离开（游泳池所在）建筑物前穿上，以防止幼儿过热。涂抹护肤液、喝热水能帮助幼儿在寒冷的季节迅速取暖。吹干孩子的头发时，要朝耳朵吹暖风。当走出建筑物时，应蒙上孩子的头，以防受风受凉。

5.5 急救、对儿童的照顾与责任义务

这部分非常重要，因为紧急情况虽然很少发生，了解并熟练掌握一些适当的处理方法却能够拯救生命。婴儿和幼儿的游泳课程的成败就在于，是否有信心在合适的时间做出正确反应。

必须在游泳池内做好预防措施，这样就可以在意外和紧急情况发生时快速做出反应。课程教练必须要熟悉急救措施，以便正确快速地提供帮助。慈善协会和儿童医院在幼儿急救方面开设有专门的急救课程。

在上课之前，必须要检查泳区存在潜在危险的地方，要确保急救柜物品齐全，电话线路正常无碍。此外，工作人员要知道在紧急情况发生时可利用哪些急救设备，紧急出口在哪里，并且要知道在突发事件发生时负责该地区并可及时联系到的医院是哪所。

课程教练在课程持续期间对儿童要悉心照顾并且尽心负责。这预示着他要告知家长可能会发生的危险，并且在这些警告建议被忽视的时候出面干预，还要检查危险区域，确保自定规则和游泳规则实施无误。课程教练必须是第一个入水而且是最后一个上岸的。

在课程中，要时不时地在泳池旁进行从说教到解释、示范和评价等全方位的指导。

父母（或任何被委派去和孩子一起游泳的“可信赖的人”）要对孩子完全负责。一定要查明在陪同的父母中哪些是不会游泳或者不太会游泳的。对于以上情况，就算是在浅水区，课程教练也要特别留意。

对于发生在课堂上的人身或财产损害，不同机构具有的法律责任不同。建议课程教练事先与组织者和参与者澄清这一问题，或者在课程规划中签订一份协议或工作合同。毫无疑问的，每个游泳教练都必须要有责任保险。

课程教练必须有在初学者泳池里（水深不超过1.35米）被称作为“有限定的”援救能力。其中包括（以德国为例）拥有青铜游泳徽章（证明持有者可以游泳10米以上，潜水1.35米或更深，在7分钟内可以游完200米，并且熟知游泳规则），以及掌握急救技术。这些考试统一由游泳救生协会，以及（德国）红十字会水中观察分支机构组织开展。

数据显示，和其他运动项目相比，在泳池发生意外的概率很小，但其后果通常却更为严重。泳池周边隐藏的危险包括跳（冲撞）、跑（滑倒的危险）、注意力不集中，不会游泳的人进行监督（呛水、溺水）、设备的错误使用，亦或是未曾暴露出来的个人现有的器质性缺陷。

对于幼儿来说，由于他开始独立跑和爬，又有好奇心，同时不会对周遭环境进行勘察，对潜在危险估测不足，一直就是导致意外发生的危险人群或者是意外的受害者。发生在幼儿身上的典型意外是窒息（在误吞物品时）、中毒或酸性腐蚀、烫伤、烧伤以及摔伤等。

下面列举了在幼儿游泳课上可能发生的情况，以及课程教练该如何通过对孩子父母进行解释和开展讨论，以及自身的明智行为来规避这些危险。

◆孩子在换尿布时，在泳池边或泳池外的地板上打滑，或者跳入泳池时在宽台阶上打滑，都可能会跌落水中。通过在柔软的垫子上给孩子换尿布，给孩子穿上泳鞋，在孩子跳水时使用软垫等方式，可以预防这些危险。肩、头、肘或手腕受伤，如擦破、扭伤或割伤等在跳入水中时时有发生。其原因通常都是父母与孩子没有保持安全距离，以至于孩子直接跳到父母身上而不是跳入水中。水的阻力会防止父母对孩子的反冲作用。刚开始进行跳水尝试存在一定危险——由于孩子前倾不够到位，以坐姿从泳池边缘不慎落水，就会刮伤头部或者背部。当抱持幼儿的方式不对时，孩子的手、肘或肩部可能会受伤，如父母不要握着孩子的躯干，而是要把手张开，这样当孩子下落的时候，他们可以用自己的双手再次把孩子推回以阻止孩子沉下去。这就是为什么要求教练必须事先详细解释不同的抓握技巧，以便家长可以在实践中贯彻落实，并在必要的情况下加以矫正。

◆当一个孩子喝了大量氯化饮用水、沐浴露、洗发精或足部消毒剂，可发生中毒。通过把孩子的头安全托举出水面，并对他小心照看（淋浴房内也要小心看护），中毒本是可以避免的。游泳池的水符合饮用水标准，也就是说喝这水本身并不会引起中毒（水中毒）。

◆误吞小块物品会引发儿童窒息。这些物品进入呼吸道，将部分或完全阻塞肺部。因此，课程教练和父母必须经常检查孩子玩耍的物品。如果孩子突然跌落或翻滚入水，短时间内他的头部浸入水中，就会开始大口喘气并会感到恐慌，为避免这种意外，随行的成年人必须自始至终保持在安全救护距离内。幼儿要熟悉安全规程和信号（见第1.3章“安全教育”），即如果父母没有下水，也没有发出跳水的信号时，他们只能站在或坐在台阶上或泳池边。如果父母稍不留神，孩子们带着游泳圈或是浮水圈就会游出父母的保护范围，这时危险就很可能出现。（评论：由于一些原因，年龄较大的哥哥姐姐在课上只能在有限程度上融入课程；建议再增加一个陪同人员。由于缺乏监管，不能让年龄较大的儿童自己使用游泳器具随意游动或站立在池边等候。经验表明，当孩子使用游泳器具时，父母便会倾向扩大和孩子之间的距离，因为他们认为孩子是安全的。）

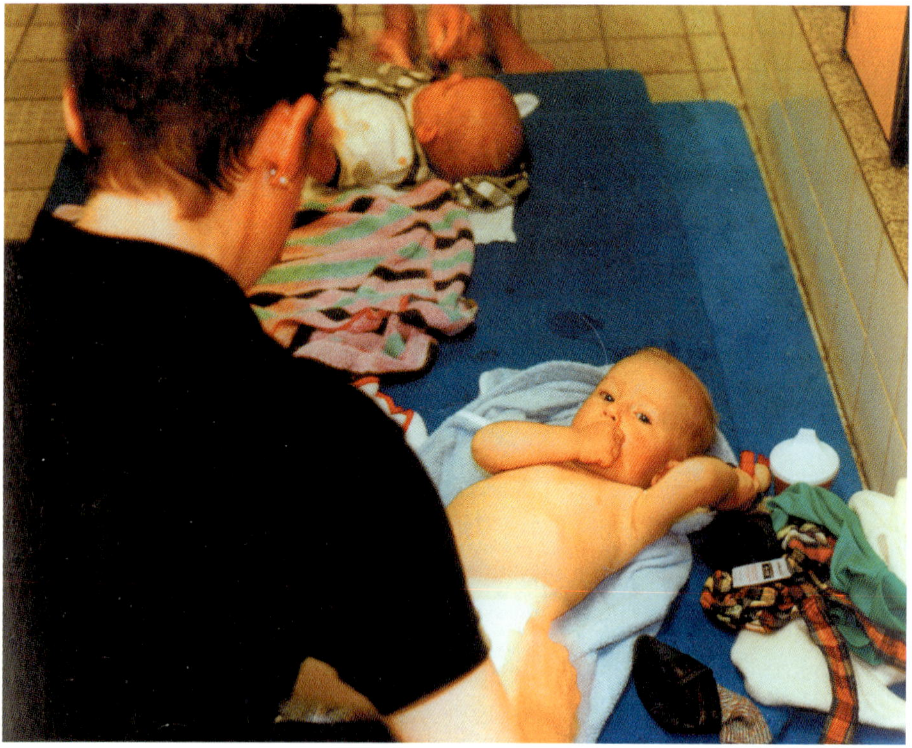

孩子误吞物品时的医疗程序

当不小心吞入或吸入一些东西，比如小的硬物时，孩子会咳嗽不止。在吞入固态物体的情况下，让孩子脸部朝下，将他的肚子抵住大人的大腿，拍打他的背部3到4次，或让孩子躺平，大人用手抓住孩子的肩和髋关节，然后突然把他的身体向下翻转，几乎上下倒个，反复几次，让硬物可以在孩子呼吸道移动并移出。如果儿童不小心呛水，反复咳嗽和打喷嚏，就可以把水吐出来。贴身抱着孩子，与其目光交流，用充满爱的话语来平静他的心情，用手掌轻抚他的后脑勺，并且轻拍他的背部，他很快就可以恢复正常。

要会区分“湿式”和“干式”溺水。“干式”溺水（占10%）与会厌痉挛有关，也就是说，因为进入嘴或喉咙里的水会让会厌软骨在气管前自动推压以阻止水进入肺中。如果抢救及时，通常人工呼吸的方法可以成功帮助孩子复苏。

在“湿式”溺水（占90%）中，孩子不是立马获救。会厌软骨因精疲力竭而再度放松，这样水就会进入肺部，也因此进入血液循环，这就可能会破坏心肾功能从而危及生命。即使儿童在淡水中溺水20分钟或更长时间，也有可能被成功救回，有过这样的案例。但在海水里溺水要危险得多，只有通过强化药物治疗孩子才能获救。

当孩子看似停止呼吸时的救援措施 / 溺水情况下

这里需要行动迅速，一切措施都必须要果断。溺水时孩子在水中会失去知觉；如果他停止呼吸或者心跳骤停，必须立即寻求医疗援助。如果孩子还有呼吸，应立即让他侧躺在地上，用干毛巾包裹以保暖，擦干水分并缓和他的情绪。

如果通过短暂观察（鼻孔或胸部运动）和刺激（对他说话、吹、摇）后，发现孩子还是没有呼吸，我们必须清除他嘴内杂物，做法就是把他的头稍稍后仰（不必像成年人那样后仰那么多），然后通过按压他的下颌来让他的嘴闭合（另一只手托着他的后脑勺），并立即开始对他的鼻子进行4次人工呼吸（嘴对鼻人工呼吸）。这之后就要观察，孩子是否复苏过来，并开始继续自主呼吸。

如果通过检查孩子上臂的脉搏，发现他仍然没有呼吸，那就要以每分钟30次的速度继续进行人工呼吸，直到救护人员到达或孩子自己重新开始呼吸，即每两秒钟呼吸一次，每次呼吸的呼吸量达到100 ~ 150ml（并且每隔一分钟就检查脉搏跳动情况）。

处理心血管故障的医疗步骤

当孩子没有呼吸，也没有明显脉搏时，他的心脏就会停止跳动。在这种情况下，人工呼吸要采取的形式是对身体某一较硬部位进行的持续心脏按压，按压的这个正确位置在胸骨的下半部分（偏左），也就是乳头之间的假想连接线之下。要把食指、中指和无名指都放在那里，连续把胸部垂直向下推约2.5 ~ 4cm，每个完整疗程需要15次。

两秒内应该有三次按压（每分钟约按压80次）。

3次人工呼吸与15次心脏按压交替循环，这样等到救护人员到达时，孩子可能还会活着。如果孩子心脏再次开始跳动，也就是你感受到脉搏跳动时，只需要继续进行人工呼吸就可以了。

评论：一般来说，想要感受到孩子的脉搏是比较困难的（手、腹股沟和喉咙上的动脉）；因此建议父母用力握住孩子上臂来测脉搏，这可以在洗澡时进行练习。

一般的规则是：在发生事故时，课程教练必须反应从容，最重要的是保持冷静，不慌张！救援任务要分配到个人，这样整个救援链才能正确运作，也就是说一个人联系救援服务（呼叫紧急电话号码），说清事故的细节（地点、涉事人员的数量、年龄以及事故类型），一个人进行急救程序，另一个人拿毛巾、垫子等。

实施人工呼吸的人自己要先做好深呼吸，这一点非常重要，可以防止施救人自己呼吸错乱。为找到更合适的人工呼吸节奏，用1～2分钟的时间进行演练是必要的。

6 课程内容和练习

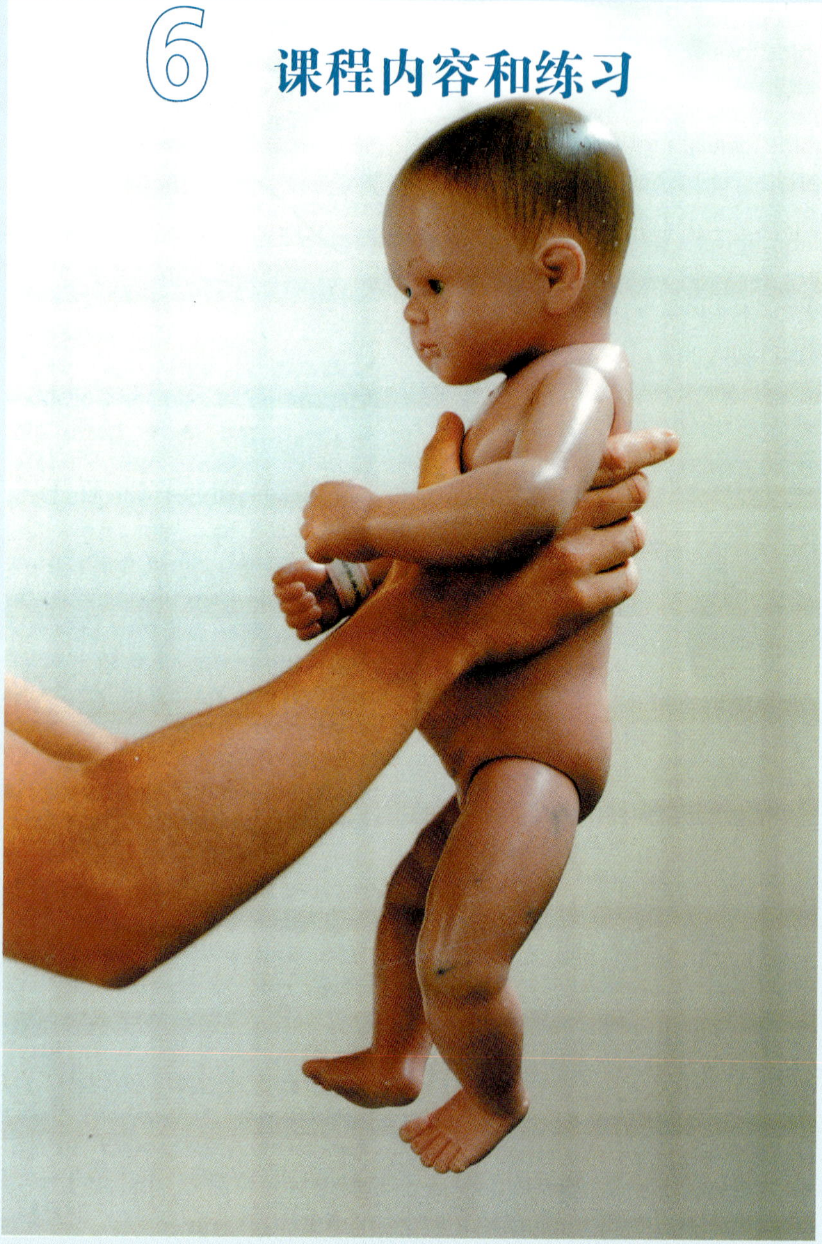

6.1 活动安排与教学内容

特别是在两岁时，幼儿每天的形体、注意力与情绪的稳定性容易发生较大波动。家长偶尔会认为，他们的孩子不再对游泳感兴趣，或者他从一开始就不感兴趣。然而，随着孩子的自我发展，以及在获得更多独立性时所产生的内心冲突，也对游泳产生了一定的影响。当孩子因为生病等原因错过一些课程时，这一点尤为明显，他必须要再次学会适应所处的环境；一般经过几个星期后这种状态就会消失。

一方面，耐心应对孩子的问题会起一定作用，另一方面，给孩子制定规律的行为习惯能帮助孩子更快适应，比如说应定期、准时去上课，而且要清楚下达命令时如何通过妥协和冷处理来激发孩子的积极反应。

幼儿在整体动机①的影响下变得更加开放。对于初学者首先要做的是让他在水里感觉舒适，而不是让他有负担。在熟悉的小组内，孩子开始适应周围的环境，熟悉活动的进程，并建立起了人际关系。前几节课一般都会比较顺利；课程教练解释他的想法和意图，并在出现困难或孩子难以适应环境时提供帮助。

初始阶段时儿童和家长的不确定以及小组内交流较为保留的情况，在建立起一些固定程序后，很快就消失了。第一阶段课程结束时，孩子在对水的适应方面进步非常明显：孩子对所处环境、其他人还有水都更加自信和熟悉。在后续课程中，按照孩子特定年龄和发展阶段而设计的课堂教学，在孩子现有知识技能的基础上会继续扩展。

① 促进个性发展的学习机会，即不仅鼓励孩子生理运动能力，也鼓励其社会、情绪和智力能力以及感觉认知能力的发展。

一方面，在幼儿游泳中所学到的这些反应通过重复练习得到巩固，另一方面，练习形式要多变，这样孩子们才能学会更顺畅、灵活地做出反应。为了发展、完成这些行动过程，各项任务被组合、排序、连接或关联起来。

组织课程教学时，可以实施以下四个教学法则：课程应促进孩子的整体发展、促进他的健康、适合他的发展水平，而且要让孩子觉得在水里舒适和谐。教学内容编排应遵循从易到难、从简单到复杂的原则，既要讲究方法，又要循序渐进。这种做法是为了鼓励家长和孩子在水中嬉戏，使之成为一次奇遇，成为双方都认可的一次学习经历。

对于1岁半的幼儿（初学者）来说，这门课程的主题结构可根据以下模式进行：

课时和主要核心主题

第一课：习惯游泳池、小组以及课程教练（小组）

第二课：探索水及其特性（水）

第三课：相互熟悉，要习惯水在脸上的感觉（适应水）

第四课：拓展以及测试自身力量（力量）

第五课：了解自己的身体以及运动能力（灵活性）

第六课：展示耐力并控制呼吸（潜水）

第七课：在父母和/或游泳板的帮助下前进（安全训练与运动）

第八课：攀爬、跳跃、悬挂——基本运动形式（运动技能）

第九课：音乐——在泳池内创作音乐（感知与创意玩耍）

第十课：与他人一起学习，并向他人学习（技巧、亲子互换）

器材以及形式
◆进行隧道游戏的垫子 ◆收集、交换、分类用的不同颜色的积木
◆进水软管（气泡、喷泉） ◆大大小小的盛水容器、漏斗（河） ◆烧杯或碗（倒水） ◆游泳池专用垫（湖泊） ◆当船用的篮子（用游泳浮圈围起来）
◆借助水生动物（玩具）和碗等物品，为适应水而进行的团队活动和模仿任务（浇水法） ◆当模特用的娃娃
◆为加强力量而在泳池边进行的使用游泳板或橡胶软管的技巧性亲子运动任务和活动
◆使用刷锅器、海绵、绳子和布来促进身体感知能力的体操游戏
◆用于踢、接、扔的沙滩球 ◆飞盘和吹气管
◆先使用游泳翼作为必要装备在泳池边进行来回取物、携带和分类活动，慢慢过渡到用护翼为上肢做浮力辅助
◆从家长的身上、方形跳水平台上、游泳池边起跳，同时进行爬越垫子、障碍物，不平整表面等任务
◆用铃铛、管子、瓶子、拨浪鼓、钥匙、盒式录音机进行的唱歌或声音与噪音活动
◆用不同类型的球进行的投圈活动 ◆亲子互换，和游戏同伴一起进行的目标投掷、远距离投掷等游戏

如果我们回头看5.1部分关于课程内容计划的内容，对照本课程结构，我们就会发现课程结构并不是为达成严格的课程目标而设计的，而是体现了很多差异性和创造性因素。每门课的确有相同的系统结构，但这是基于不同的内容，正是这一点让课程结构多样化和富有创造力。开始阶段先要培养孩子对水的适应，之后继续教授一些基础游泳技巧（滑水、在水里呼吸、潜水、跳水、向前游动），然后每个孩子按照自身水平自己开始不断练习，来完善这些技巧。因此，要不断把新方法引进教学各环节，并且每节课都要调整每个环节的强度。

6.2 课堂教学建设：课堂内容及其创意性结构

在规划每节课的教学步骤时，神奇的四部曲（按照方法论原则）再次出现，但这一次是采取分阶段的形式。

◆第一阶段（大约5分钟），让孩子自己适应周围环境，适应水包围身体的感觉；激活他的心血管系统。家长要与孩子保持近距离身体接触，和孩子一起绕着泳池散步，按摩他的身体并用水轻抚孩子的头。慢慢地，在走和跳的过程中家长加强自己的动作，然后不再与孩子有亲密的皮肤和身体接触，而是把孩子面对面抱住，以便和孩子进行有意识的眼神交流。在这一练习中，通过举起、放下孩子的身体，进一步促进孩子的血液循环。

◆第二阶段（大约5分钟），通过抚摸和摇晃，刺激幼儿的胳膊，这样孩子可以更有意识地感知这一部位。通过各方向的、克服水的阻力的摇、推、拉的动作，让孩子皮肤、动作和位置的感觉变得更为敏锐，与此同时他的适应能力也得到了锻炼。这些新的动作还可以调节肌肉张力并使关节更灵活。

◆第三阶段（大约15分钟），慢慢鼓励孩子自己活动。现在孩子只需要父母提供少量帮助（手托胸部下方），水花、水流、脚底感到的冲力或是简单、被动的肢体运动感觉（在指导下用手在水表面溅水），孩子更愿意自己用肢体活动去探索这些，现在父母只需提供少量帮助。

泼水游戏和浇水测试[①]，可以帮助评估孩子是否愿意潜入水中，同时也可以测出他的闭口和憋气反应。只有当孩子接受了水在脸上、能控制呼吸并且流露出认知意愿（期待）时，才可以慢慢开始简短的潜水，持续1～2秒钟。孩子要挑战自己，展示体位反应，以

① 浇水测试可以检测孩子对水的情感态度。让水流动而不是泼溅就可以逐步建立孩子对这种媒介的信任。

及飞翔、跌落、抓住、支撑和转身等动作的平衡反应；他学会了做出适当的反应。持续的游戏活动使孩子的肌肉控制和运动能力得到加强；孩子的活动能力得到锻炼并大为提高。

◆第四阶段（大约5分钟），孩子能够放松并满足自己玩耍和探索的欲望。在没有任何指导的情况下，他能去追求自己感兴趣的事情，而且父母最好不要对此进行干涉。像推摇篮一样摇晃的仰卧姿势或者坐着微微后倾的姿势，能使孩子的呼吸和心血管系统平复下来，在课程快结束时，刺激性活动也要慢慢减少。

课程内容示例

主题：以不同方式、有目标地移动彩球。

器材：装游泳线球（红或白）的篮子、大垫子或者漂浮板。

阶段	目标	合理的课堂内容安排
1	问候	◆围成额状圆圈，教练站在中间说："孩子们好，孩子们好，让我们挥手说你好，然后到我这里来，然后到我这里来，现在我们一起离开。"（大人把孩子推进圆圈 3次）
	小组联系	◆1–2–3–穿越丛林: 父母推着孩子穿过圆圈。
	促进交流	◆"转啊，转啊，转圈圈"（父母和孩子面对面，然后通过向上轻抛沿纵轴转动孩子，右/左）。
	适应水	◆父母让幼儿侧坐在他们的大腿上，挥手踢脚来击水，并且说："噼里啪啦，水花溅，溅上头发溅上鼻子，再从鼻子流到脚趾，稍作停留悄无声响，然后轻轻溅到地上。"（用手拍水）
2	被动运动	◆站在离泳池边缘2 ~ 3米的线内："我是小小跳水杰克，我要游到/ 滑到/ 跳到池边再回来。1–2–3 呜咦！"父母推/拉孩子。

阶段	目标	合理的课堂内容安排
	平衡刺激	◆幼儿站在或者坐在父母的手上（双手呈碗状）,平衡身体。当幼儿在手间失去平衡时，父母再次扶住他们直到泳池边（出租车游戏）。
3	激励孩子自主活动	◆向前滑动/移动：在一边拿到球，再把球拿到另一边（朝溢流管投掷目标，向边缘滑行，再向前移动）。 ◆功能性游戏：让球从一块板上滚落，然后在底下抓住它。 ◆感知：根据颜色歌将球分类："红色，红色，红色是……的颜色"（或者寻找同种颜色的球，再把它们放在一起）。 ◆手部技能：将球放在各自的顶端（造一个塔），或者将它们在垫子中间或者边缘摆成一排。 ◆呼吸：通过球上的孔向水里吹气吐泡泡，透过这个孔看一看。 ◆灵巧：幼儿坐在垫子上把球放在家长的手里。 ◆跳跃：幼儿坐在垫子上，然后跳出去拿放在家长手上的球（也许需要潜水）。 ◆潜水：家长伸长胳膊在水中持球，幼儿试着从水下观看这个球（也许需要把手臂下移，把球浸到水中再抓住它）。 ◆ 跳跃：幼儿沿着垫子的路线爬行或奔跑，然后跳下垫子来。

阶段	目标	合理的课堂内容安排
4	放松 结束 告别	◆身体意识：把自己陷在一堆球中间，坐着收集尽可能多的球，清理干净，留下一个，并把其他的全部投进篮子里。 ◆脚或身体信息：沿着幼儿的足弓滚动球。 ◆整理：把篮子里剩下的球都给课程教练。 ◆再见歌："这是我们告别的方式等等"。

缩写（适用于所有教案）

PP= 俯卧位
SP= 仰卧位
LP= 侧位
P= 父母
T= 幼儿
CI= 课程教练
le= 左， ri =右
bw = 向后， fw= 向前，
sw= 向旁边

主题：身体知觉。

器材：彩色布、绳子、衣夹、泡沫塑料条。

阶段	目标	合理的课堂内容安排
1	问候 促进交流	◆围成额状圆圈，教练站在中间用一首歌介绍孩子们的名字说： “你好，你好，太棒了，今天你能来太棒了……在这里……在这里，现在我们都在这里，让我们一起欢呼！”
	团队联系	◆幼儿面对面，两人一组，念儿歌：“上、下，上、下，我们一直上上又下下。”逐渐加快速度，交换同伴。
	了解房间	◆绑住洗衣绳的一端，抓住另一端。沿着绳子走，抓住并拉着绳子，往它底下钻（吗哩吗哩空—绳子往上），试着抓住它。 把布料挂在绳子上：绳子高高往上（雨点），绳子低低朝下（洗脸），捉迷藏（躲猫猫），绕着布回旋划水。
2	被动运动	◆兴风作浪：幼儿拿着绳子，被家长用握奖杯的姿势向后推，或者幼儿摇摆着绳子（“给我看看你的脚”；俯卧位/仰卧位） 绳子高高在上：家长自己站在绳子底下，并且在绳子底下把幼儿向前、向后、向侧面推、拉和摇摆（面对面位置）。 ◆绳子高高：家长在绳子下方，通过绳子把幼儿向前、向后、向侧面推、拉和摇摆。

阶段	目标	合理的课堂内容安排
3	刺激孩子自主活动	◆适应水/潜水：幼儿坐在家长的肩膀上，向绳子方向落下/飞下，首先向侧面，然后向前潜水（刚开始只是拍水，然后浸入半张脸，最后整张脸没入水中），家长先示范或和幼儿一起做。 ◆移动和抓取游戏：两人一组玩追逐游戏，其中一个幼儿有两块布，另一个试着去抓布的一端。 ◆移动和向上抓取：家长把束成一捆的布料放在头顶上，家长以俯卧位在幼儿后面拉他们，而幼儿试着去把家长头上的布料拉下来。 ◆力量训练：家长抓紧布的两端；幼儿站在家长的两腿上，试着去抓住布并悬挂在上面。
4	放松 结束 告别	◆知觉：家长把头藏在布里（歌曲：我在寻找我的……请告诉我他们在哪儿？啊他们正向我走来，楚啦啦啦啦啦啦），幼儿去躲藏起来。 ◆在船上航行、摇摆：把两根泡沫塑料条绑在一起，用衣夹把布夹在一起作为地板。"成排的小船，向前摇，向后摇，躺下来闭上眼睛，一会儿就是安睡的时间了"。 ◆整理，再见歌："这是我们告别的方式，说再见……"

主题：分站水上游戏。

器材：管子/软管（清洗工具）、饮料吸管、烧杯，盆/浴盆、浇水罐、管道、嬉水浅池、垫子。

阶段	目标	合理的课堂内容安排
1	问候	◆歌曲："我们想要说你好，我们想要这么做，你好（泼水，泼水）你好（泼水，泼水）"。重复三次。
	促进交流	◆幼儿与家长呈拥抱位置，歌曲："水是用来洗澡的（重复三次），洗澡的"（变化：舀水、滴水、泼水、搅水、踢水）。
2	被动移动	◆围成额状圆圈，摇摆：伴着"水-波-流-动"的节奏拉着幼儿在水中向侧面、向前或向后穿行。 ◆围成额状圆圈：幼儿坐在家长的大腿上："骑着一只小马儿，骑着去城里；骑着一只小马儿，但是不要跌落，等等"向右/向左倾斜，向前/向后，伴着水花落下。
	知觉运动	◆停止移动游戏：家长肩扛着幼儿并四处跑，孩子踢着腿，然后突然停下来。
3	刺激孩子自主移动知觉 嬉戏 精细运动活动	分站活动（每站两对亲子组）： 1. 水流出来（软管连接着进水管，就像一个喷泉），幼儿用手和脚去感受水。 2. 舀水（从水池到垫子上），幼儿坐着把水舀出来，家长舀进去。

阶段	目标	合理的课堂内容安排
		3. 水滴：穿孔的垫子作为通道，当家长—幼儿成对通过时用水罐往通道里倒水。 4. 水流可作润滑剂：一个幼儿把水倒在滑梯（漂浮物）上，另外一个幼儿滑滑梯。 5. 水泡：用吸管在水中吹泡泡。 6. 冷热水：把一个水盆装满冷/热水，然后爬进去/把手伸进去。 7. 水是有浮力的：扬帆远航——爬进去，爬出来，另一个幼儿推/拉并踢水。
4	放松 结束 告别	◆斜倚躺坐姿势进行水中按摩，头斜靠在家长的肩膀上（放松）：在水下抖开双腿、手臂和身体，用水把身体弄湿。 ◆再见歌：“这是……的方式……”

6.2.1 水中基本运动形式与基本技巧

学习游泳是一个按部就班的过程，遵循“适应水、掌控水和在水中运动”这一教学原则。孩子通过积极地接触水来培养基本技巧和能力。水应成为孩子熟悉的运动媒介，在水中他能感受到自我和身体的存在，并发展自己的个性和人际关系。

适应水并试着控制它，这是随后独立进行耐力游泳运动的基础。如果孩子在水中感觉舒适，并把水中经历视为积极的、令人兴奋的挑战，就会乐此不疲。

“适应水”的关键是熟悉水的属性和特征并准备好如何应对，例如：

◆它的液态属性。

◆它变化的温度。

◆它对胸部和身体所施加的压力。

◆它对身体的浮力作用（特别是双腿）。

◆它对我们的移动产生的阻力（由密度造成）。

适应水有很多途径，例如：

◆日常沐浴时配合使用水罐、钥匙、碗和洗浴软管，同时不断变化水的温度，会使这一过程更轻松。

◆在游泳池里用手和脚制造波浪，让水像细雨一样飘落，建造滴水石洞和瀑布并用来泼水、冒泡、划桨和踢水。

◆用容器来盛、浇、排空和运输水。

幼儿主要通过练习基本游泳技能等身体体验来学习控制水，例如：

◆由父母的手或游泳圈支持，以俯卧位和仰卧位漂浮。

◆往水里呼气。

◆跳入水中。

◆以俯卧位向泳池边划水（父母要一直推着孩子），然后抓住池边。

◆在“飞行”、滑行或跳跃后把头部浸入水中。

水中运动的开始，意味着从岸上这一熟悉的运动场所转移到水里。因此，幼儿接近水适应水中运动的过程总是伴随着音乐、歌曲或者诗歌。这种引介方式促进了他们的协调能力和方向感。这包括：

◆改变运动方式（如走、跑、单足蹦跳、奔腾、扭动、跳跃、旋转、游泳等）。

◆改变运动方向（如向前、向后、向两侧，以及向上和向下等）。

◆改变运动节奏（减速、加速、中途停下。如快–慢）。

◆改变运动力度（如轻柔、粗暴等）。

◆改变运动任务的组织形式（如双人合作、小团队、分站练习等）。

◆改变小组的队形（如圆形、方形、蛇形、通道等）。

适应指导和教学器材在课堂上会有很大帮助。这些器材包括放在泳池边、挂在泳池边上方以及铺在泳池边上的晒衣绳、绳子、隔离胶带、垫子隧道、交通锥或木板等。大的水罐和吸盘可以用来固定晒衣绳，特别是当泳池水和岸边一样高的时候。

在生命的第二年，幼儿开始尝试抬步向前，这种尝试是原始的、任意的。在受到刺激的情况下，他会建立自己的目标，并在这个过程中自主选择运动方向。父母必须要预料到这点，并为之准备好灵活的抱持技术并能不断变换手的姿势。如果儿童一直使用游泳器材，绝不可能有效远程移动，因为这要耗费大量体力，孩子们四肢短小，还只会胡乱扑腾，这样他们最多可以移动几米。在他们3岁的时候，这些前进移动变得更有目的性。偶尔他们喜欢把头埋入水中。值得注意的是，他们不用任何帮助已经能够用俯卧位在水中游动2～3米，仅靠蹬腿动作就可以前行。

受到鼓励时，幼儿将这一早期运动形式发展为用手臂进行的狗刨式游泳[①]，可以行进一段距离。

◆从泳池边、潜水平台（built from quadro system从方形系统改建而来）或垫子起跳，然后朝父母方向向前移动（建议：如果是坐姿头部先缓慢入水，如果是站立姿势就跃入水中）。

◆坐在父母肩头，或站在父母的手上/腿上朝泳池边向前运动。

◆坐在/站在游泳板上朝泳池边向前运动。

◆仰卧着被推向泳池边；通过踢动腿脚向父母移动（倒车）。

◆两手交替绕着泳池边角从一侧移动到另一侧（穿越边角）。

◆跳跃、滑水、在两个人之间来回移动。

◆坐着从一个垫子跳到/滑到另一个垫子上（越岛跳，将穿孔的垫子系起来，铺成通道，中间留有空隙，然后从泳池一边移到另一边）。

① 在胸部下方的区域，两只手交替紧凑划动，是爬行的一种基本形态。

幼儿尚不能很好地跳离垫子，但是开始时要由着他们落入水中。为防止伤害，这时要给孩子提供援助，也许就是在背部和臀部轻轻推一下。孩子们开始意识到自己腿的存在，这一点很重要：当背向父母坐着时，他们能看到自己的腿并观察到腿如何运动，这反过来也会刺激运动和神经系统做出反应。引导孩子的腿，抚摸孩子腿的前部和后部，触摸孩子的脚背和脚底都能够有效促进腿的发展。孩子还会记录存储对父母腿部运动①的感觉和观察，以及自己如何被这些动作带动，这甚至在更大程度上刺激了孩子。

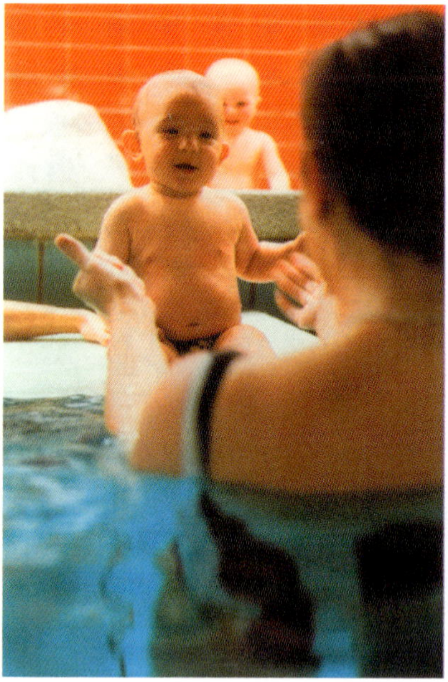

① 父母仰卧着悬在泳池边踢腿。孩子脸朝前坐在父母肚子上。这一练习也可以结合泡沫塑料圈进行。

6.2.2 水中体操练习和攀附家长练习

在有旋律的声音伴奏下进行以下水中练习，可增加2～3岁幼儿肩关节、脊柱与髋关节的弹性和柔软程度。

◆“你有多大个？这么大。”

孩子面朝前坐在父母抬起的大腿上；水没到他的胸部。父母把手臂从体侧举到空中时，他抓着父母的手。

◆“你有多爱你自己？这么爱。”

孩子像上面那样坐着抓住父母的手，父母用手臂环抱他们。

◆“双脚抬到空中！”

孩子被父母用放松姿势抱着，头倚在父母肩上。父母用手抱着孩子的小腿，在听到“向上”的口号时，把小腿朝着肩膀上举，这样就可以使脊柱进行一次弯曲运动。把手放在孩子背部然后“所有小肚肚高高在空中”，可以拉伸他的脊柱。

◆“双手拍掌，啪、啪、啪；双腿再来，啪、啪、啪。”

孩子被父母用放松姿势抱着，头倚在父母肩上。父母握着孩子的小腿，做伸展运动。

◆“滴答、滴答、滴答，小腿往回拉。”

孩子同上面一样躺着，父母握着孩子小腿，然后把他的两只膝盖轮流推向其腹部，另一条腿则被拉伸。

下面的攀爬和技巧活动适合用来增强力量和消耗能量。

◆爬山式：

孩子站在父母大腿上，两只手由大人扶着，然后他爬上父母的腿部、腹部、胸部，直到肩膀。听到“1–2–3”后孩子再爬下来或者放下来。这项练习也可以在父母的背部进行，结束后往前方跳下。

◆洗头式：

孩子坐在成人的腹部或胸部（或用背驮着），他的脚环绕在成人的腹部或颈部。接着让孩子躺下，把头发浸入水中，然后抬起头来。此时大人必须扶住孩子的腰椎骨（该动作通常仅适用于3岁孩子）。

◆保持平衡式：

孩子站在成人掌上，面朝前方。首先让孩子肚脐以下的部分浸在水中，之后使他的身体向上到较高位置。为增加强度，可以一次只支撑孩子的一条腿。

◆肩手倒立式：

让孩子面朝家长并用自己的肩部支撑自己，接着在腹部或骨盆部的支持下他被举起，这样一来他就处于手倒立的姿势。

◆奖杯和弹簧刀式：

像握住奖杯一样抓住孩子，并用腹部或胯部支撑住他的脚使其整个身体紧绷起来。当放松他的背部肌肉时又让他恢复回来。

◆头部飞机式：

让孩子抓着家长的手爬上家长的背部，肚子朝下躺在家长的头部，像一架飞机一样伸展全身并且可以转动。

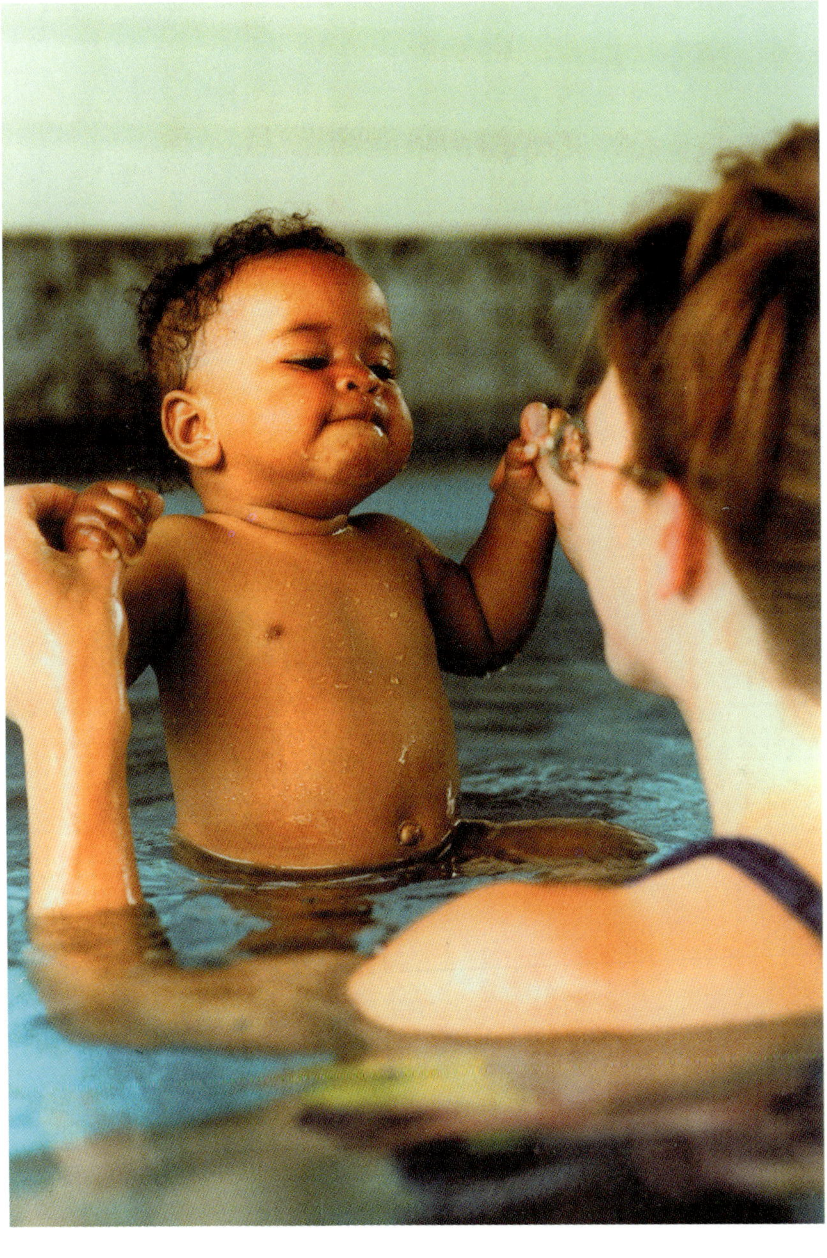

6.2.3 在游戏和练习中掌握技能

幼儿因为学习游泳时年龄太小（3～12个月），尚不能稳固地控制头和身体，或保持头和身体的平衡。鉴于此，尤其考虑到年轻的父母（初为父母的人）在安全抱持孩子方面仍需很多练习这一事实，本课程中教授的抱持入门知识为他们提供了帮助，而实际上这些基础知识也是每节课最主要的组成部分。另一方面，幼儿的力量发展到能够直立的程度，而且现在也非常渴望能按照自己的喜好改变运动的姿势和方向。

学会直立以后，一般孩子都会喜欢在水中保持垂直位置。当孩子们挣脱开父母的手臂，试图从倾斜的位置中恢复直立的时候，我们可以明显地看出这一点。因此，对两岁幼儿的抱持位置应该富于变化，并能让孩子保持垂直（站立水中）。本章最后部分列有几个活动样本。然而，由于这一年龄段孩子的平衡能力仍未全面发展，加上浮力作用，孩子也可能对水中运动丧失信心，从而变得很黏人。

这一年龄的孩子通常比较抗拒仰卧位置，因为仰卧时孩子的感知半径和抓握活动受到限制。很多孩子都觉得这一姿势令人不适并且难以掌握。3岁的幼儿在水中变得十分活跃，孩子的泼溅和踢腾现在有力多了，而且他也开始尝试着四处走动。孩子喜欢用腹部游水（大约45°），在滑水或将头部探入水中时经常保持几乎水平的位置，并能以这种姿势进行高耐久性的运动。

孩子的头部应明显保持在水面以上（避免呛水），而孩子不需过度伸展自己的身体（水中孩子的背部、足部没有褶皱）。对臀部的适度压力可以防止孩子过度伸展，腿部应在水中。在安静的时刻，孩子会自愿恢复仰卧姿势。他还不习惯将耳朵浸入水中，会时不时地为此而困扰。然而，还是要鼓励孩子保持平直滑水的姿势。

一般必须确保孩子的胸骨（躯干中部）得到支撑，并且能自由移动手臂和腿。作为“旱鸭子”，孩子在父母的怀抱里应该觉得安全和满足，这样他们就会不受限制地研究和探索水中险情，不会觉得恐惧，而是充满了好奇心。

抱持必须要有一定力度，让孩子觉得被抱住，然而又不可限制孩子的身体、活动范围和动作（尤其是肩部）。水的浮力让来自父母的肌肉支持舒服很多，这样父母就可以把这种支持仅仅限制在安全功能内。仅仅由于孩子浮力和运动力量不够时，才需要父母用手给以支持。

父母必须保证：

◆保持肩膀以上的部位露出水中。

◆与孩子的眼部保持水平。

◆时刻关注孩子的下巴，确保孩子没有呛水。

◆常常打湿孩子不在水中的身体部分，避免孩子受凉。

◆在仰卧位置时不要让孩子过度伸展（背部没有皱褶，脚在水中，或者对臀部施加轻微压力）。

◆选择孩子面对的方向作为水中运动方向（例如在收集器械时）。

下面列举的是《婴儿学游泳》一书中关于抱持的几个基本姿势，我配上了插图，以及一些游戏和练习方法。

游戏与练习方法

◆水弓：在水中运动并转身（向右、向左）。

◆击掌庆贺：在水中跑，通过击掌向其他课程参与者问候，父母示范，孩子模仿。

◆跳舞时间：一只手从孩子背后抱着孩子，另一只手做好跳舞姿势准备。在水中按照波尔卡舞曲的节奏快速跑（交替托住孩子的左、右臂）。

◆洗头：孩子坐在父母的腹部。告诉孩子向后倾斜。托住孩子的背给他洗头，向左或向右飘荡。

◆袋鼠：孩子坐在父母的腹部。告诉孩子要紧紧抓住。

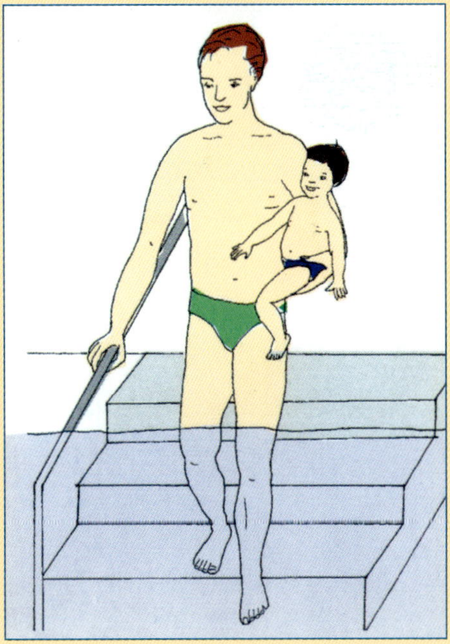

图1：
单手侧抱姿势——跨坐式

游戏与练习方法

◆水波：拉着孩子迎着水的阻力向前向后，不停变化运动节奏，同时伴唱有韵律的儿歌。

◆吃点零食：“我饿了……现在我要咬你的右肩。”通过轻咬孩子身体的不同部位，父母逗孩子笑。

◆跷跷板：“我很大，你也很大。我走了——你还在那里。好哇！”父母高高向上，孩子被举起，父母沉入水中，然后再次露出水面。

◆运动儿歌：“转啊，转啊，团团转。跳啊，跳啊，上下跳。飞啊，飞啊，在空中飞。降落，降落，现在到达。”父母带着孩子转圈、跳跃；开始时速度非常快，逐渐放慢节奏直到完全停下。同时放慢嘴里儿歌的节奏。

◆步法：“脚向前，脚向后，脚向右，脚向左。这里踢踢，那里踢踢，直到小脚露出水面。空中高高在飞翔，这里小脚又高又干！”父母往不同方向摇晃孩子并最后把孩子举出水，最后孩子躺在父母的头上。

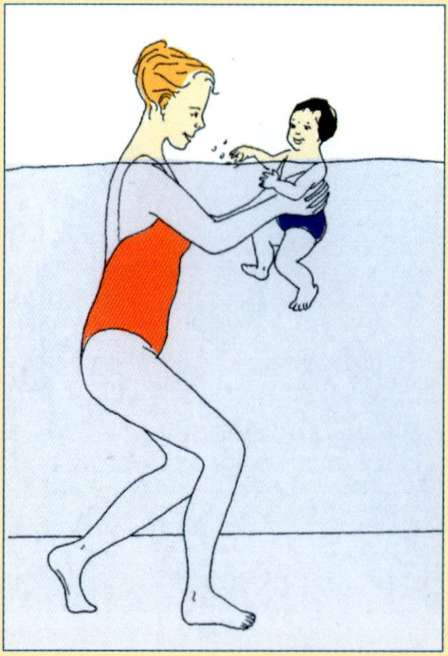

图2：
双手正面手腕抱持，使孩子呈垂直位——面对面式

游戏与练习方法

◆潜水：父母拉着孩子向后跑。有了回旋划水，“嘟嘟”声和“嗡嗡”声，推拉运动和停止等变化，潜水变成了有趣的历险。

◆跺脚音乐会：父母沿泳池边排成一行，在水中抱着孩子。课程教练以俯卧姿势抓住泳池边缘，用不同力度跺脚。鼓励孩子模仿教练。

◆吹泡泡音乐会：父母在孩子面前在水里吹泡泡，尽力发出不同的声调。鼓励孩子进行模仿。

◆摇头：父母把头沉入水中，然后再摇晃着出水。孩子进行模仿。

◆尝尝水滋味：父母站在泳池边的水里，小口喝水再吐进溢流孔。孩子进行模仿。

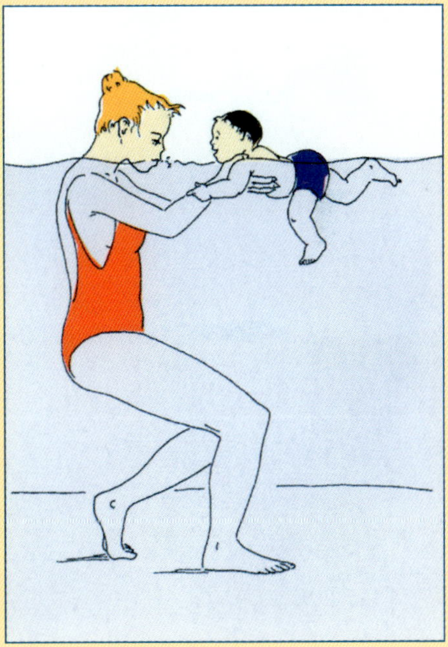

图3：
双手正面抱持，使孩子呈俯卧位+肩部支撑：高脚杯式

注意：

因为孩子体重和他渴望在水中保持直立等原因，这一抱持姿势很少用于两三岁的孩子。双手手掌一起放在孩子胸部下方，手指伸向孩子体侧，从下面托住孩子的胸部，这样才不会扭伤手腕。

游戏与练习方法

◆乘风破浪：父母倒着走，拉着孩子摆波浪。这些波浪运动的方向可以是从上到下，从后到前，从一侧扭到另一侧，或者没有完全任何规律。

◆举重：父母潜水游到孩子身下，然后一点点把孩子举起来。

◆抓住：父母倒着走，沿着泳池边拉孩子，交替转向墙或者背向墙。父母鼓励孩子快速反应并在靠近墙的时候抓墙，然后再把孩子往里侧拉。同时改变运动方向。

◆飞翔平衡：父母倒着跑，让孩子向左向右倾斜。

◆搁浅了：父母潜入水下，把孩子推向垫子，让孩子抓住垫子。

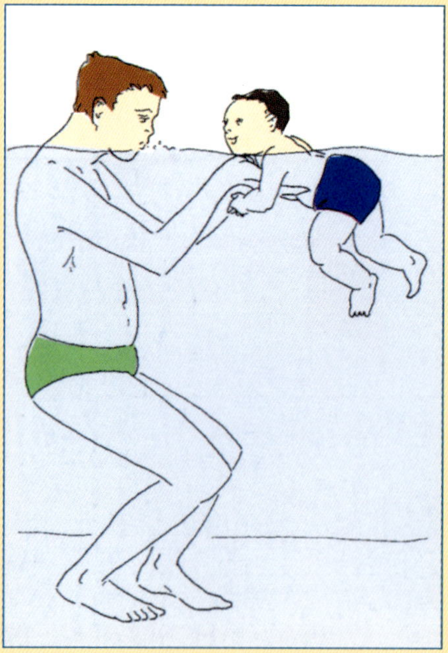

图4：
双手正面抱持，使孩子呈俯卧，不用肩部支撑位——篮子式

游戏与练习方法

◆力量测试：孩子抓住父母的拇指。父母慢慢把孩子稍稍拉出水面，同时大声数数，看看孩子能坚持多久。

◆钟摆：在水中向左向右拉着孩子摆动。

◆单臂悬挂：让孩子松掉一只手臂（交替左右手臂）。

◆站起来：孩子面朝上躺着，头枕在水面上（睡觉）。父母往前推孩子，听到“醒来开动！”的警报声后，孩子立刻直立，用腿用力踢水。然后，父母再往后拉着孩子向前。

◆飞檐走壁：父母面向泳池边站成一排，离墙的距离保持孩子的腿长那么宽。孩子扯着父母的手，试着用脚往墙上爬。

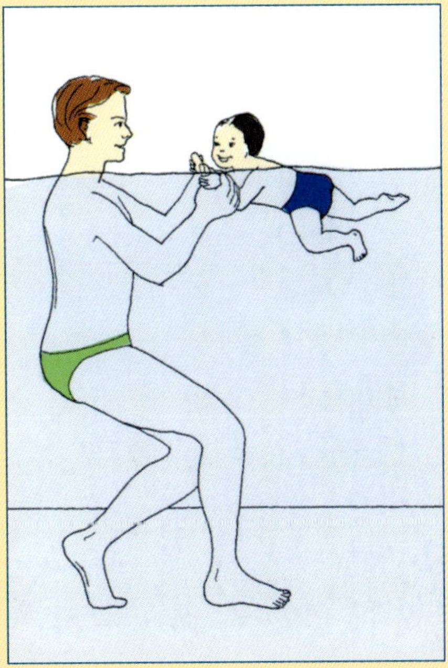

图5:
双手正面拇指抱持——悬挂摇摆式

注意：

为了应对孩子不断增加的体重，父母可以通过把自己的肩膀直接沉入水中来让这项练习变得更加容易。

游戏与练习方法

◆保持垂直：父母前后移动；孩子一直努力恢复直立姿势。

◆潜水：父母站在泳池边。孩子朝着墙向下潜水，不用戴充气臂圈。

◆指引方向：孩子通过用手向左或向右指来决定运动方向。

◆向后游泳：孩子保持仰卧位，踢腿；父母在这一过程中倒着走。

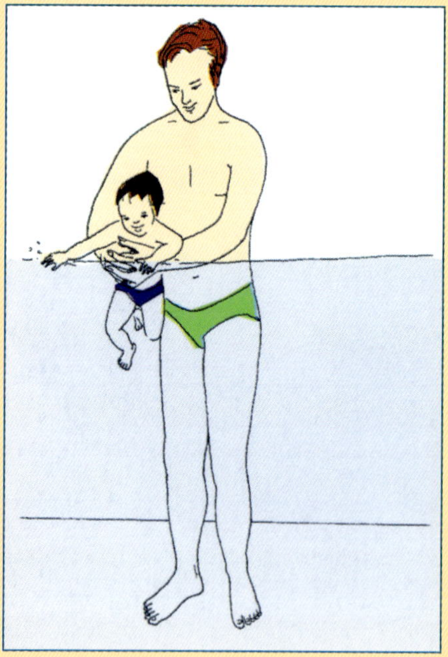

图6：
双手身后手臂下抱持——手臂环绕式

注意：

对于两三岁的幼儿，这一姿势非常普遍。孩子们非常喜欢能自由移动自己的手脚，而且能享受到眼前清晰的视线。

游戏与练习方法

◆找人：教练让所有参与者在泳池里四处移动，然后拍手问："……在哪里？" 所有其他孩子都停下，去找这个孩子，边朝他移动边说"……在这里"。

◆找课程教练：孩子与父母闭眼片刻。然后课程教练潜入水里并四处移动。每个人都来寻找他并朝他移动。课程教练一点一点再次露出水面。

◆推人俱乐部：所有参与者排成一队，按照孩子-父母-孩子的顺序站在其他人身后。孩子推前面大人的肩膀，该大人反过来轻轻用力抵抗。队伍最前的亲子组过一会儿后换到队伍最后，这样也会有推人的机会了。

◆扔海绵过绳子：穿过泳池拉一根绳子。孩子从绳子两侧扔海绵过线。扔过线的海绵被捡回，重新再扔。

◆钓鱼：把塑料小鱼放进盆里。课程教练来回在泳池里拉动鱼盆，孩子们试着把鱼从盆里捞出来。

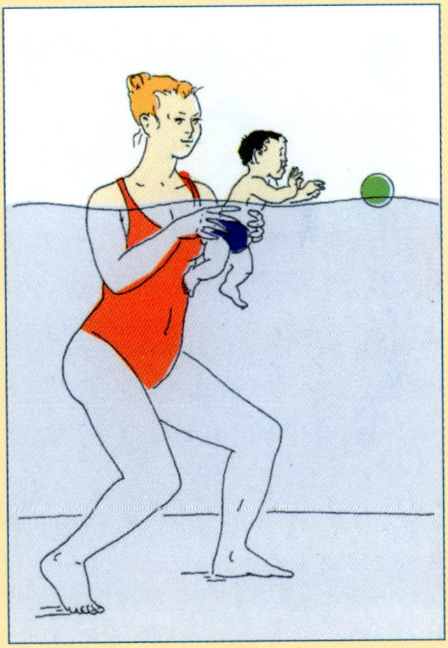

图7：
双手身后手腕抱持，使孩子身体呈倾斜位——奖杯式

注意：

做这项练习时让孩子抓住泳池边缘，就可以不需要两个成人了。

游戏与练习方法

◆往前跑：一个大人托住孩子的腰，并在腰部用力推拉孩子：数“1–2–3”时孩子被向前或向后移动，然后再推向站在对面或泳池边的另一个大人。

◆蝴蝶：给孩子两块游泳板，让孩子双手各放在一块板上。在腰部或脚部轻轻推，把孩子往前推送一段距离。一边运动一边有节奏地说“蝴–蝶”。

◆海豚：父母二人圈住孩子的腰部，把孩子的一只手高高举出水面，然后让孩子潜入水中，头部先入水，随后在水下往泳池边滑水。

◆降落平台：对面的大人露出拱起的背，这样孩子可以被推上他的背，然后抓住他的肩膀。

◆长臂：对面的大人向一旁转身把一只胳膊伸展在水面上。另一个人把孩子朝他的手臂推送，这样孩子会被他抱住并拉入怀里。

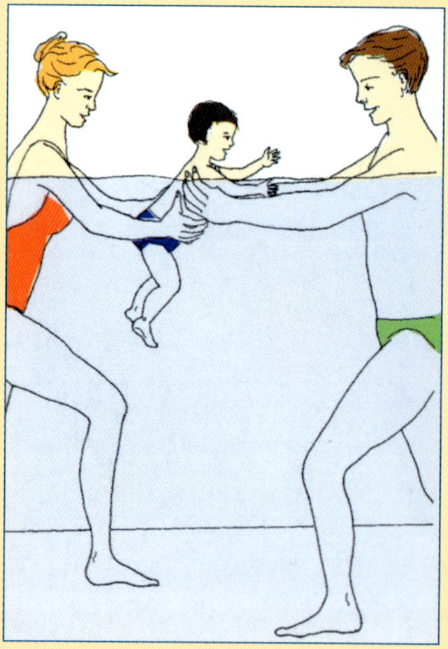

图8：
双手身后腰部抱持以及双手正面腋下抱持——水上划艇式

游戏与练习方法

◆像块板一样僵硬：父母抓住孩子肘部抱着他。孩子必须要保持身体的紧张度。

◆乘风破浪：父母双手呈碗状，孩子坐在上面。课程教练讲一个故事，绘声绘色地描绘大海有多宁静，又有多狰狞。

◆托盘：孩子站在父母手上（脸朝外），在向上、向下、向侧的运动中，试图在水中保持平衡。

◆单腿站立：父母双手围成碗状，孩子单腿（双腿交替）站在上面，尽力保持平衡。

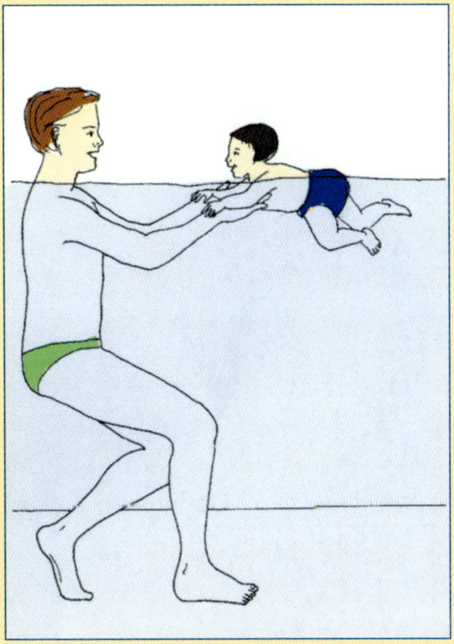

图9：
双手握住孩子肘部/手部/臀部/脚部抱持——碗状手型式

游戏与练习方法

◆大山里的火车：抬起和降低抱着孩子的胳膊。

◆伴儿歌搔痒游戏："绕着花园转啊转"。用手指沿着孩子手臂一直向上行，到孩子的脖子处停住。

◆双指背部按摩：用食指和中指按摩脊椎两侧，按摩脊柱时沿尾椎上推至颈部。

◆推：父母-幼儿两人一组在泳池内跑动，试图轻轻推到另一组父母-幼儿组的背部。

◆用手抓：父母当着孩子的面，用空着的手试图去抓其他父母。孩子要先理解这个游戏，先是试着与自己的父母玩耍，然后再与其他父母孩子重复这一游戏。

图10：
单手呈祈祷姿势在身后从孩子腿间用前臂抱持——大腿为隧道式

游戏与练习方法

◆触碰墙壁：父母向泳池边推孩子，告诉孩子交替用手和脚去触碰墙壁。

◆抖腿：父母交替抓住孩子的左腿或右腿的上端，用力抖动。随后告诉孩子开始踢腿。

◆飞机：父母用一只手从孩子两腿间抓住孩子，另一手支撑孩子的胸部。然后把孩子托起在空中，再随着水花降落在水面。这项练习为孩子有意识的、头部先着水的潜水活动做好准备。

◆巨浪微澜：孩子随着水面的波浪移动。当课程教练喊：“巨浪”时，孩子被高举到空中，然后像在上述练习（飞机）中一样降落。

◆弹射座椅：孩子坐在父母一只手上（碗状手型），在父母另一只手的支持下做好准备，通过前后摇摆使身体倾斜，以俯卧姿势落入水中。

图11：
单手从体侧抱持，另一只手在肩部支撑，使孩子呈俯卧位——三明治式

游戏与练习方法

◆洗手：父母让孩子坐在自己抬起的大腿上，抓住孩子的两臂，摩擦孩子的双手。随后鼓励孩子自己进行这个动作。儿歌：“我们这样来洗手，来洗手等……”（也可以换成拍手、泼水等）。

◆天气变化：课程教练讲故事，故事里包含天晴、下雨、暴风雨等动态因素。父母与孩子按照这些变化做运动。

◆水是湿的：用水湿润不同身体部位，同时唱：“水打湿了我们的身体，我们的身体，我们的身体。水打湿了我们的身体，我们的身体。”（也可以换成肩膀、腿、头等身体部位）。

◆大手臂，小手臂：孩子坐在父母抬起的大腿上，脸朝前。父母抓住孩子的前臂并旋转着向前运动（风车）。随后换成幅度较小、频率更快的手臂运动，这样就把水舀出来。伴唱的儿歌可以是：“大手臂，拉和爬；小手臂，舀起水；小小手臂，泼泼泼。”

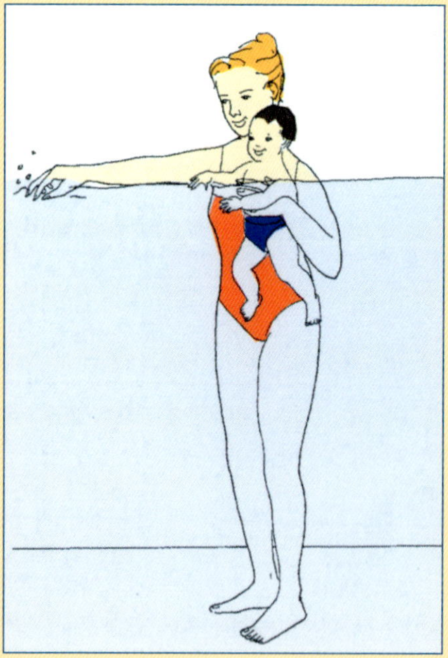

图12：
单手身后胸部抱持，使孩子呈垂直位——拥抱式

游戏与练习方法

◆跷跷板：孩子腹部抵靠在父母肩头躺着，伸展四肢；头部越过父母背部往外看。父母抬高或者压低孩子的双腿，让孩子做出相应的动作。

◆青蛙跳：起始姿势如上。父母握住孩子的小腿并进行控制：拉近距离、跨坐再回到双腿在后的姿势。伴随这些运动说“呱呱！”

◆踢腿运动：起始姿势如上。父母用双手抓住孩子大腿，交替上下移动孩子大腿（踢腿运动）。中途休息，让孩子决定是否自己继续进行运动（开始要加以鼓励）。

◆逐步抖腿：父母双手抓住孩子的一只小腿，轻轻摇晃来放松孩子的脚踝。然后抓住大腿用同样方式放松膝关节。然后抓住孩子的腰部，通过抬起放下骨盆，向上拉整条腿。对另一条腿重复相同的动作。

◆肩手倒立：孩子把手放在父母肩膀支撑身体。然后父母抬起孩子的腿让他呈肩手倒立的姿势。

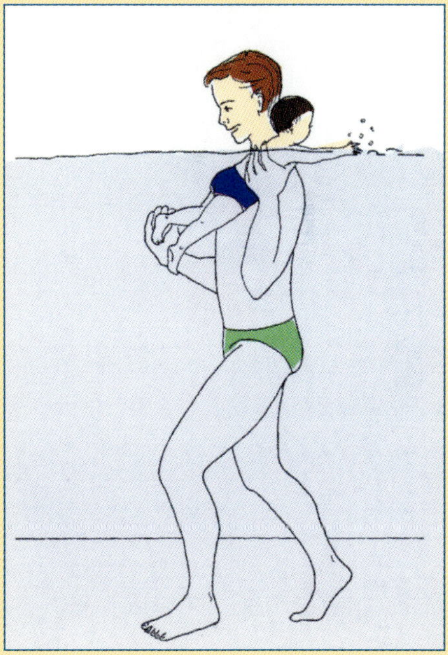

图13：
单手正面俯卧姿势，孩子靠在父母肩上——肩部平衡式

游戏与练习方法

◆旋转木马：父母一边唱着旋转木马歌谣，一边以不同的速度拉着孩子围着自己的身体转。

◆前前后后：父母拉着孩子围着自己的身体转，绕到前面的时候让他倾斜呈仰卧位，绕到后面的时候让他倾斜呈俯卧位，每次绕完他都可向后坐起来；孩子必须要拉紧腹部肌肉。另只空着的手保持颈部和肩部区域的稳定性。

◆巨浪微澜：父母拉着孩子绕自己的身体转，空着的手臂自然地垂在臀部。上下方向的波浪逐渐增强，从很小的波浪到很大的波浪，直到孩子被举出水面，之后再次让他沉到水里，一边做练习一边唱有旋律的歌谣。

◆滚进滚出：父母沿体侧通过弯曲孩子手臂再伸展开的方式朝自己的肩膀滚动孩子。一边做练习一边唱“远远、近近”。

◆你好和再见：父母与孩子相对，用空着的手摇晃孩子的手（“你好”），然后用手沿着孩子的身体抚摸/爬行，直到脚部，晃动孩子的脚（“再见”）。左右两侧交替进行。

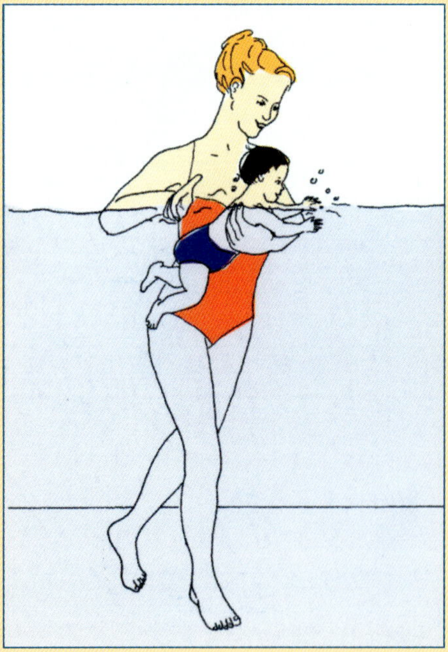

图14：
单手体侧用上臂支撑，使孩子呈俯卧位——旋转木马式

游戏与练习方法

◆脚在空中高高抬：孩子以坐姿靠在父母肩上。父母握住孩子前臂，抓着他的脚在水面上击鼓（“小脚-小脚”），然后将他们的脚抬到空中（“高高飞”），让脊柱拱起。

◆睡觉和起床：孩子靠在父母肩上。父母从下抓住孩子大腿让他坐直并保持稳定的坐姿。

◆量脚：与另一父母-幼儿组面对面坐着，两个孩子脚底相对，互相顶着量大小。

◆抓脚：两个父母-幼儿组面对面站着，一组向前移动，另一组向后移动；向前移动的那组尽力去抓另一个孩子的脚。两组互换位置。

◆大脚趾：父母按摩孩子的每个脚趾，并依次说出它们的名字（大脚趾，小脚趾……）。

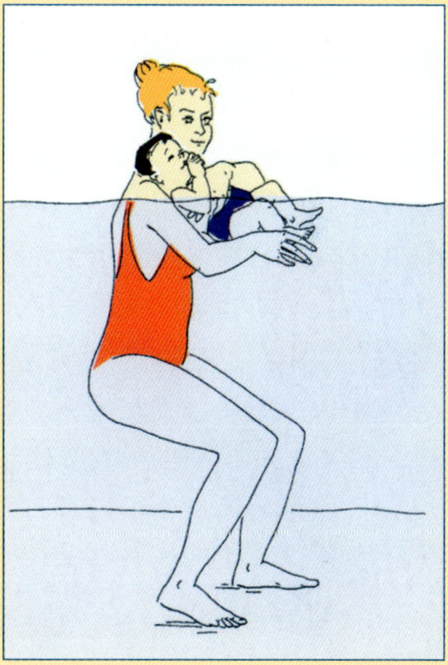

图15：
单手身后支撑，使孩子呈俯卧位，将孩子头部靠在父母肩部放松——脸颊对脸颊式

游戏与练习方法

◆吹肚子：父母用坐姿抱持孩子（孩子的小腿搭在父母肩膀上），引导孩子双手朝脸部抬起，直到可以向孩子的腹部吹气。

◆摇荡：把孩子摇到左边，再摇到右边，一直保持眼神交流。同时唱："摇向这边，摇向那边，这是我们喜欢做的。"

◆耳语：父母靠近孩子的耳朵（左右耳轮流），轻声耳语，随便说点什么，并让孩子也这么做。拥有较强语言能力的孩子（3岁末时左右）可以让他重复自己听到的话。

◆面部表情：父母使用嘴巴做出各种不同的面部表情，并鼓励孩子模仿。

◆嘴巴发声：父母用嘴巴发出各种声音，并鼓励孩子模仿。

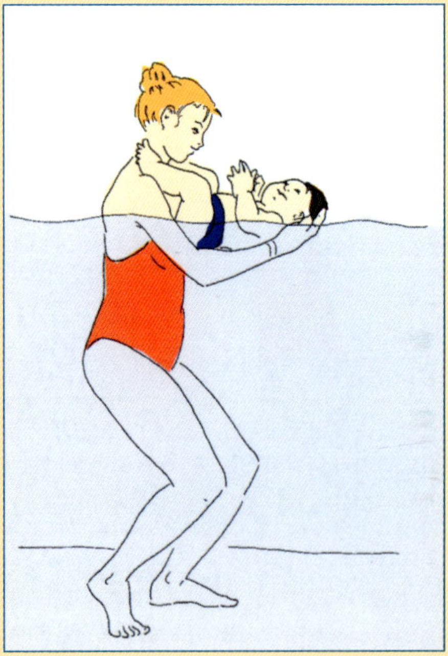

图16：
单手正面使孩子呈仰卧位支撑——面对面头部碗状式

游戏与练习方法

◆滑向边缘：孩子坐在父母的手臂上，慢慢滑向泳池边。这时必须给孩子发个信号。当孩子有了足够的经验并做好溅水准备的时候，就可以让他潜到水里去游一段距离，然后在池边自己露出水面。

◆举：孩子坐在父母的手上，慢慢地举起孩子并告诉他跳下来。在他准备沉入水里前父母再抓住他。如果孩子已经习惯了水，跳入水中后他可能会在水里潜游一段距离。

◆坐高高：孩子坐在父母的双肩上，父母抓住他的小腿。然后告诉孩子潜入水里（头部先入水），钻过挂着布条的晾衣绳或者是隧道。

◆站高高：孩子抓着父母的手，爬上父母的背，坐在父母的肩头；然后跳下来。重点：在孩子跳下时松开双手。

◆手支持：起始时用围手椅的姿势支撑住孩子胸部，孩子身体前倾靠在垫子上开始支撑练习并大声数数，做准备活动。当孩子能够支撑自己的时候，就可以让他尝试用自己的力量爬上垫子。

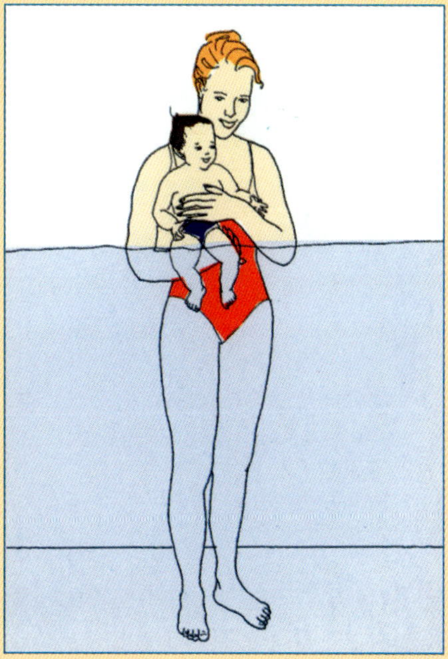

图17：
单手抱持，使孩子呈坐姿，
做跳跃准备——扶手椅式

游戏与练习方法

◆出租车：孩子抓住泳池边，在父母背上爬上或爬下，反复练习几次。边练习边唱："爬上""爬下"。这时通过让孩子说出租车开往哪里去，可以很好地调动孩子的积极性和参与动机。

◆坚持住，赶马比赛：父母试着挑战孩子，向他们发出口令，让他们对"停止、移动、扭身、转身"等做出反应。

◆过隧道：父母和孩子穿过泳池中各种各样的隧道，平的、高的、窄的、宽的等等。穿隧道的时候要发出声音。

◆开动马达、停止马达：父母在池中跨步；孩子用力踢水来帮助移动。如果孩子停止踢水，父母就停止前进。

◆一起潜入水下：父母先在水里走过拴着布条的晾衣绳，之后游过这道屏障，最后潜水穿过去。鼓励孩子模仿这项练习。大声数数给孩子助威。

注意：关于潜水的要点，下一章会进一步详细解释。

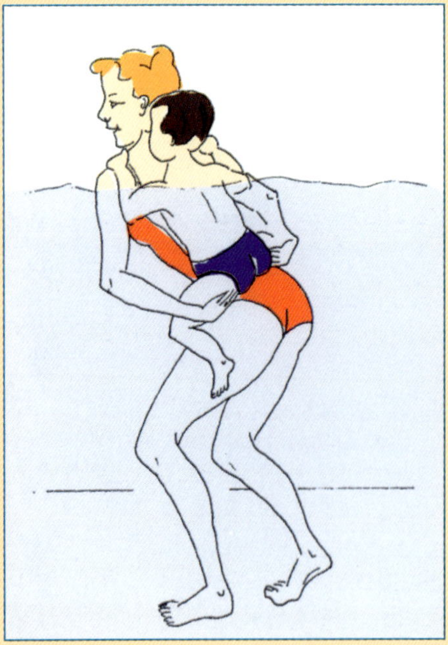

图18：
双手身后抱持，孩子攀着父母后背，大腿进行支撑——骑士式

6.2.4 熟悉水性与跳水技能

幼儿游泳教学的一个目标就是让幼儿熟悉水，孩子在水中的时光应该是放松、舒适的，富有教育意义并充满冒险。他应该会对水这种元素的特性和作用有一定了解，学会容忍水在身上，尤其是在头上和脸上。

水能改变形体，也会对听觉、视觉、嗅觉、味觉和呼吸能力有一定的影响。当水流过我们的脸庞时，我们屏住呼吸（口-鼻反射）。我们鼻部的神经会报告外部呼吸环境的改变；呼吸运动停止时，作为反射。为避免气管误吞异物，喉反射会关闭鼻和咽喉地区的会厌软骨。

我们会根据感觉和环境来调整呼吸。当我们紧张时，当我们很期待某一情境，并有时间为之做好准备时（也就是让自己的身体紧张起来），当我们在进入泳池之前做准备时，就会屏住呼吸。

因为孩子在水中有不同的经历，课程教练有必要对孩子进行一对一的沟通交流，来获知孩子对水的反应、期待和情感，换句话说，就是要了解每个孩子是如何应对水的。

试验显示，浇水法可以对了解这些情况有一定帮助。

除非孩子熟悉所处的水环境，并且机灵、注意力集中并能接纳新事物，否则不建议使用浇水法。

浇水法的步骤

◆父母用篮子式抱持孩子。

◆课程教练站在父母旁边，与孩子对话，并在水面上敲碗，来测试他的专注程度。

◆如果孩子朝着碗伸出手，课程导师就用碗装满水，把水依次倒在孩子的手、胳膊、后脑勺，一直到头顶上，这样水就流到孩子整个脸上来。

◆如果孩子再次转向碗，非常放松，脸上表现出满足之情，就重复这个过程。

◆在第二次浇水中，水应该在孩子脸上停留大约2秒钟。当孩子闭上张开眼睛（眼睫闭合），嘴巴会做出咀嚼动作来缓解肌肉紧张，他会再次转向碗，脸上没有表现出任何明显的恐惧或不适，他的呼吸没有停止（可以触摸喉部），我们就可以判定孩子对这个游戏的态度是积极的或中立的（根据他的面部和身体反应）。

◆如果孩子的态度是积极或中立的，就可系统地开始带他学习简单的潜水了。

◆浇水测试的反应是为了测试孩子潜水的意愿。因为孩子每天的形体发展、当前的发展阶段、兴奋程度和参与新事物的意愿都是不同的，应该安排在每一节课中用不同的方式来做这个测试。可以通过水下隧道、软管、淋水器或者其他射水游戏等来练习潜水。这些游戏可以告知孩子的身体状态，以及他们十分乐意潜水。

◆课程教练另外一个评判标准是父母的身体语言和掌控全局的自信。这些都可以评价他们的行为。

这一方法的显著特征是一方面它发现了孩子潜水的意愿，而另一方面在孩子害怕水时能进行干预（减少敏感度）。在实际运用中可以适当改变形式（很多/少水）。还有一点很重要，浇水测试并不一定要与潜水结合在一起进行。

孩子经历水，能够去适应它，并学会保护自己（不要呛水或者

让水流到不该流到的地方）。在没有任何压力，不需任何劝服的情况下，孩子甚至会更有可能积极参与这一循序渐进的过程而不再有一丝恐惧。孩子自己可以通过看、感觉、触摸和感受水来做好准备，在浇水测验后有足够时间从情感和动机两方面，对这些经验进行分类、加工和阐述。

父母和课程教练可以从孩子某一天的行为上来分析孩子是否已经接受了水或是潜水。随着年龄的提高，孩子的语言理解能力也会增强，和孩子讨论这一过程就会变得容易一些。

浇水法的五个步骤：

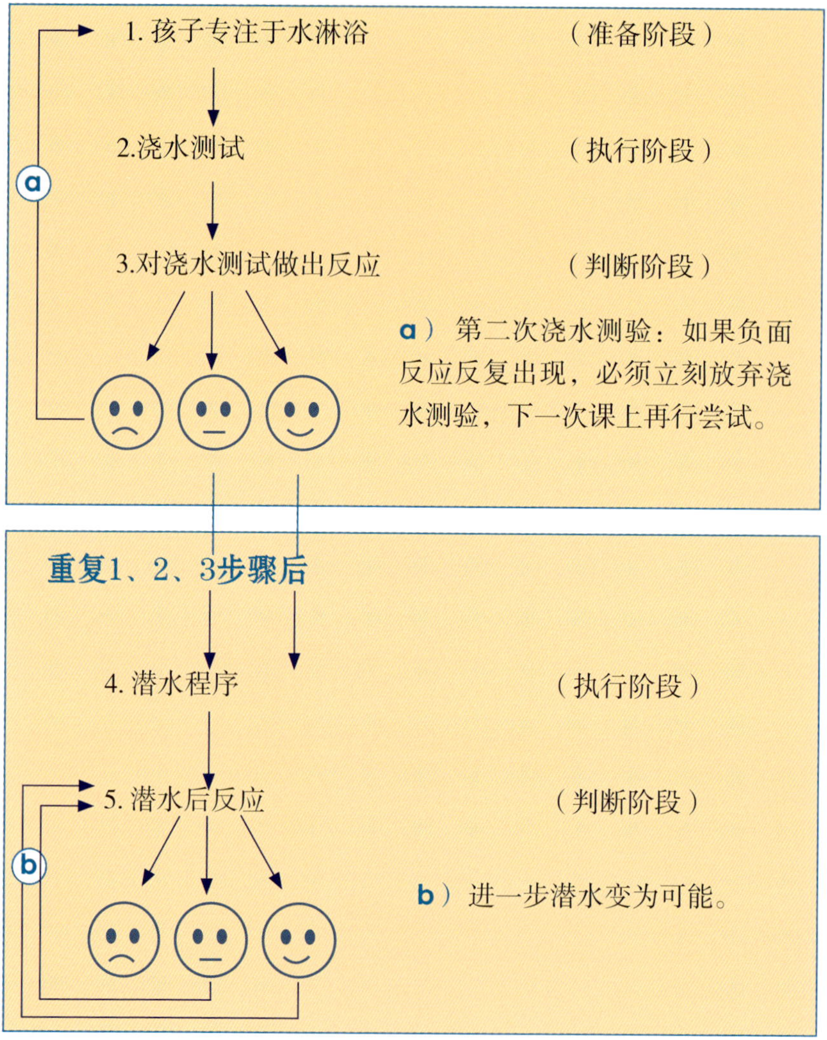

图19 浇水法与潜水的课程步骤

只有通过准确的测试反应，我们才能获取关于孩子对水的熟悉度和潜水意愿的足量信息。孩子必须对即将开始的这项新练习保持一定的注意力。千万不要让孩子对这项练习感到惊讶或是没有任何准备就突然面对。父母先在岸上帮助孩子选定一个人、一个物体或是一个地方，然后在父母帮助下朝这一目标潜水。最开始时，父母可以同意这个目标在岸上，以此来锻炼孩子丰富的想象力。

在跳跃、下落、滑行的情况下，或者是在飞机式的抱持姿势中，孩子已经逐渐习惯了泼水运动的最后程序是潜水，现在他很期待他的头可以潜入水中。理想的情况是，头部先入水，先让水接触孩子的手和头盖骨，之后是他的眼睛、鼻子和嘴巴。按照这个顺序，因为鼻子的位置，一般水不会马上灌进孩子的鼻子。

开始时在水下待1秒钟就够了。这个持续时间需要慢慢增加，例如，让孩子跳跃后再重新出水，要始终和孩子保持眼神交流，并在需要的时候给予帮助。

上面提到的，潜水前事先和孩子商量好要达到的固定目标，这是非常重要的，这样孩子就可以不断地自我调整。随着练习重复次数的增多，他的自我感觉和安全意识会不断增长。

年纪大一点的孩子更愿意借助器材（辅助设备），在有声语言教导下学习潜水。这些语言要生动形象、便于模仿（有示范性）。游泳池边或是台阶可以当作跳水平台。父母应抛开自己对潜水的羞涩，示范潜水（模特），这总是很有帮助。

要鼓励和激发孩子与父母一起潜水，从第三年起，孩子甚至会在没任何人要求的情况下自己潜水。他已经被鼓励得十分有信心而自己进行尝试了。

真正的测试开始了，测量孩子可以在水下待多久，以及他是否意识到在水下也可以看见。

下列技巧和抱持姿势适合多种潜水训练，其目标在于训练潜水的深度、距离和持续时间，同时也是一项趣味训练。

◆侧向摆动潜水：

父母在游泳池边侧向站着，用面对面姿势抱住孩子。（1）父母从孩子体侧往泳池边拉孩子，这样孩子的头、耳朵和脸就会碰到水。（2）这次是向外摆动，接着再进行一次向内摆动，做这个动作的时候眼睛和嘴角也要碰到水。

第三次摆动从上方开始。孩子用头和手碰水，让水花漫过他的头。现在孩子呈倾斜的姿势，把他拉出水，并推向池边。

◆从扶手椅抱持姿势上落下跳入潜水：

父母站在泳池前，孩子坐于他们的上臂。父母通过轻轻地拍水将孩子的注意力吸引到水面，然后告诉孩子跳向池边。当孩子再次露出水面时用另一只手在他的胸前给以支撑，并带着他滑水到池边。这个练习也可以采用肩上座位式或站立碗状手型式的姿势进行。

◆飞机式潜水：

父母站在游泳池边的前面，用三明治式抱持姿势抱住孩子，也就是说，一只手在胸下托住孩子，另一只手穿过孩子的两腿之间抱住，使孩子呈俯卧位。抱着孩子往池边来回移动两次，然后把他举到空中。保持这个姿势一段时间，直到孩子自己往水面靠近，这样他就潜水到前方，他的手自动地伸到头前（手臂的支持功能）。

当孩子的前额、眼睛和鼻子（鼻子浸水）一开始碰到水，他的直接反应就是闭上眼睛和鼻子。只有经常观察到孩子使用这些保护机制时，才能让他潜水时整个脸浸入水里，之后是整个头部。

如果三明治式抱持姿势不起作用，也可以试着采用旋转木马式，即抓住孩子的上臂（外侧）和大腿（内侧）。背后桨杯式抱持姿势也可以采用。

◆在泳池边（有一定高度）从坐姿入水潜水：

父母站在游泳池壁旁边，用三明治式抱着孩子。孩子向前方的水中扔一个玩具，向前倾斜，然后在孩子落下时从胸前和后背抱住他。孩子头先潜入，到达玩具前面后再浮出水面。也可以让孩子坐在或站在池边上开始做这项练习。

6.2.5 “巡回训练”的运动设计

分站练习活动作为一种课程组织方法，让课程富于变化，并充满创造性。这非常适合孩子多动的需求和热爱玩耍的天性，尤其是第二年的时候，同时也考虑到了孩子每天都在变化的形体、个人需求和不同的注意力时长等因素。2 ~ 3岁孩子的分站活动可以用来练习特定技能。

幼儿可以

- ◆尝试并熟悉多项游戏装备
- ◆选择玩耍和练习的形式
- ◆锻炼不同技巧并获取经验
- ◆尝试不同持续时长的分段游戏形式

在数量众多的分站游戏中进行选择的方法是，看孩子和父母的反应：有时他们不等开始口令就迫不及待地忙着开始某项活动，有时甚至直接跳过某项活动。使用大型设备通常都会比小型设备花费更多的时间，但即使这样我们也不应该放弃大型设备。我们应该根据游泳池的大小和形状来选择设备。也可以自行搭建一些设备，使父母能在上面进行示范，然后让孩子模仿。

利用游泳池边做空间适应训练，或者在不同活动重点转换时做调整活动，这是个好方法。

假设游泳课是在练习泳池（8~12米）中进行的，有8对父母-幼儿，4~6个分站活动大体就够了。幼儿在3岁的时候，课程教练还可以通过悬挂一些（防水的）图片材料来帮助他们加深对任务的了解。父母可以事先阅读这些任务，然后用言语和清晰的术语向他们解释清楚（通过语言和图片的认知记录学习）。

分站练习的选择也可以在众多的练习中选择适合年龄的练习（参见2.1和6.2.1部分）。

分站活动可以是在熟悉认知阶段之后大家一起设计，也可以由课程教练在课前就悉心准备好，这样孩子就可以在问候之后直接投入分站练习。课程教练应该充分利用幼儿对水中体验的积极渴望。

分站活动的运动设计示例：

	主题：制造音乐
第1站	小铃铛：把小铃铛挂在线上，然后在旁边游，用手或脚触碰小铃铛，发出声响。
第2站	拨浪鼓：把拨浪鼓（不同形状和大小的洗发水瓶，装上豆子和沙砾等）浸在溢流排水管里，孩子爬上泳池边走向它们，用它们制造噪音，把它们从排水管中拿出来，之后再扔到正确的地方。
第3站	垫子：用一个木制的勺子和反扣的碗在垫子上敲鼓，然后，手和脚在垫子上敲鼓。
第4站	瓶子里的泡泡，把空瓶压到水下，出现泡泡。孩子把头浸到水里，用嘴吹泡泡。
第5站	金属勺子：从游泳池的一边游到另一边，用勺子击打阶梯的横杆。孩子爬出泳池来做这个动作，当他们把勺子还回去后跳回父母怀里。

	主题：体验水
第1站	园艺软管：把一只橡胶管放在水龙头/下水管里吸水，这样孩子就可以观察和感受像喷泉一样流动的水。
第2站	水碗：孩子用游泳板端着一碗水，从泳池一头走到另一头，之后把水放到一边并在父母的帮助下爬下和跳上游泳板。
第3站	水隧道：一个有孔的垫子放在泳池一边，当父母–幼儿组经过的时候，孔里就冒出水来。
第4站	洒水罐：用水罐从容器中运送水，倒进一根管子。在两个地方之间向前运动。
第5站	放有空洗发水瓶的垫子：洗发水瓶装满水。把水泼向对方时，孩子会挤压晃动瓶子把水喷出来。
第6站	镜子（带锡箔纸的）：在水中向镜子呼气，或者朝自己镜子中的影像吐水。年龄大的孩子可以向下潜水并在镜子中观察自己。

	主题：球的乐趣
第1站	巴斯夫泡沫垫：把垫子平铺或者扶着放在游泳池边。孩子爬到池边，从父母那接到一个球，让它在垫子上滚，之后滑下来。最后根据能力潜水或浸到水里来结束这个游戏。
第2站	圆环：把一个圆环平放在水里（用线和一个5千克的潜水环支撑）。球应该在水下被往下压，孩子在水里吹泡泡或潜水。父母可以根据孩子的能力来拿着圆环以增加强度。这个练习也可以往后面做。
第3站	管子：在管子中放置小球，在另一端取出来。
第4站	圆环：手持圆环在水面上，或者把圆环挂在带子上，让孩子把球扔过圆环，捡起球，再扔过去。
第5站	沙滩球：孩子趴在气不是特别足的球上，然后踩水一路游到泳池另一边去。
第6站	垫上的篮子和保龄球：孩子必须用球去击打保龄球（空水瓶）。

6.2.6 感知练习

用身体和感觉来察觉事物的能力可以在运动中得到发展和锻炼。

视觉区域区别处理颜色和形状，主要关注移动的目标。声音与噪音使听觉器官更敏锐。

形状、数量、大小和重量则由触觉区域来记录。定位身体的过程是复杂的：孩子通过触摸和命名身体器官来认知身体部位，由此建立他们的身体体系。

特定空间内的定位不仅仅涉及三维标准，也涉及到有一定限制的身体自身，以及身体的位置和平衡。空间定位可以提高一个人的反应能力和抓、接、扔东西的技巧，还可以通过触觉和听觉信号得以加强。

6.2.6.1 视觉区域

以下游戏要求根据颜色和形状进行观察、寻找和辨别。

◆**摆桌子**：在游泳板上摆放烧杯、盘子、勺子。

◆**藏匿游戏**：一组孩子在游泳板、碗、垫子下藏东西；另一组孩子找。

◆**四面墙，四种颜色**：用游泳板或圆锥体标出游泳池的每一边。所有水中的物体都要被收集起来，然后根据颜色把它们放到正确的地方。

◆**“红色，红色，红色是我衣服的颜色。”**当儿歌中说到一个颜色的时候，在周围寻找、抓住并举起相应的颜色的物体。

◆捉迷藏游戏：所有的人退到泳池边。与此同时，一对亲子组合藏在泳池隧道或倒扣的儿童嬉水池（塑料）内，剩下的人去找他们。

◆“你好，杜鹃”：一对亲子组合在众人面前拿着一块游泳板。每次当别的亲子组合来到他们面前时，他们就从板后出现并发出“布谷，布谷”的叫声。

◆“根据颜色分类”：不同颜色的环漂浮在池中水面上；孩子们要把同种颜色的积木等物品放到正确的环内。

◆气球：父母把气球扔到空中，孩子看着气球降落并试着去抓住它们。

◆台球桌：几对亲子组合聚集在一块垫子旁，来回拍一只球并观察它。

◆球类游戏：来回地扔、踢（用脚）、推（用手）、撞击（用头）一个球。

6.2.6.2 听觉区域

在游戏中制造声音和噪音，以此来跟踪和训练孩子的听力。

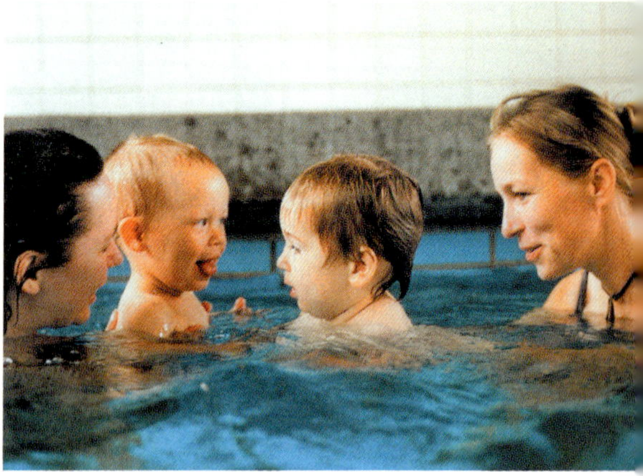

◆击鼓：父母和孩子在水面或水下用手拍嘴（像印度人打鼓那样）或者肚子。

◆踢腿乐队：课程教练（指挥）让孩子任意踢腿，听到特定口令时停止，每个人都聆听安静的声音。父母和孩子互换。记得要变化音量高低（通过更轻柔或更用力地踢腿逐渐减弱或增强声音的大小）。

◆水的故事：课程教练讲述一个关于天气的故事，或是朗诵一首诗："天上在飘毛毛细雨，天上在下雨，天上在下倾盆大雨，天下在下冰雹，闪电雷鸣之后又出太阳。"孩子和父母对照故事情节做出相应的手臂动作。

◆青蛙音乐会：众人一开始小声地"呱呱"叫，之后声音慢慢变大，随着课程教练的信号突然停止（"停！"）。手和手臂可以做舀水的动作，腿可以做青蛙的动作。

◆波浪鼓之歌（每人一个拨浪鼓）：配合歌曲有节奏地摇晃。

◆波浪鼓之歌（每人两个拨浪鼓）：有节奏地相互击打（比如，"我在铁道公司上班"）。

◆吹泡泡音乐会：父母和孩子围成额圆在水里吹泡泡。在这个过程中发出不同的语音语调。

◆音乐雕像：众人和着音乐穿过泳池。当音乐停止的时候，每个人都停止移动，静静聆听。

◆列车员：大家根据列车员的口令和信号用水拍打水面（大声/小声）。

◆天鹅和鸭子：通过图画或者口令，课程教练让父母或孩子做动作模仿天鹅娴静的划水动作，或者模仿鸭子鼓噪的、拍打着翅膀、"嘎嘎"叫不停的动作。

◆随绳高变声调：如果绳子上升，父母和孩子就制造高音调的声音；当绳子下降的时候，音调变得更深沉。

◆小狗大狗：使用图画或口令，课程教练让孩子和父母学狗叫，并用手臂模仿狗爬的动作，走向其他的父母和孩子。

◆"拍拍手、拍拍手"：大家围成额圆。孩子坐在父母抬起的大腿上，脸向外。随着节奏及时拍手。

◆随节奏绕圈洒水：唱儿歌，随节奏泼水、做划桨动作。

◆瓶子的声音：向瓶子吹气，这样就可以发出不同的声音了。

◆泡泡管：用细管向水里吹气，就可以发出吹泡泡的声音。

◆声音测试：使用一个木制的勺子，击打泳池边和泳池旁的不同设备，这样可以发出很多的声音。

6.2.6.3 触觉区域

训练感觉和触觉的游戏：

◆“袋子里有什么？”：通过触摸枕头套等东西内的三件不同物品，尽力猜测这些物品是什么，然后将其取出。

◆冷、微温、温暖：碗中盛满不同温度的水，然后将碗置于泳池边，让孩子感受其不同。

◆柔软和坚硬：抓握放入泳池中的海绵和刷锅器，感受物体的不同质地。

◆圆与尖：孩子们抓握并感触球体和立方体，然后将其分类，比如可以分别将其放置在两个垫子上。

◆轻与重：体验空瓶与装满水的瓶子重量的差异，然后将其分别放置在两个垫子上。

◆地面的变化：让孩子在瓷砖、泡沫垫、人工草地上行走和爬行。

◆擦洗身体：父母和孩子用海绵、刷锅器、刷子相互擦洗身体，或者用语言告知对方自己希望哪个部位被擦洗。

◆触壁和蹬壁：倾斜孩子身体呈俯卧姿势，将其向后推向池壁，以脚触壁，然后让孩子将身体从池壁蹬离。

◆用脚抓：用脚去抓泳池中脚边的玩具，然后将其运送到泳池边。

◆**用脚问候**：放松地扶着孩子。父母让孩子的脚与另外一个孩子的脚互相推抵，用脚说“你好”。变化形式：围成圈，每双小脚丫交替问好，然后父母把自己的一只脚抬高出水。

◆**抓脚**：父母用三明治式抱持方法抱着孩子，并告诉他们去抓其他孩子的脚。

◆**拍手**：父母用拥抱式抱着他们的孩子，然后鼓励孩子（可以自己先示范一下）在水中握住其他孩子的手，问好。

6.2.6.4 身体定位

了解身体局限和形体构造的一些游戏活动：

◆**“谁在洞里？”**：将（塑料）嬉水池翻转，让一对成人和孩子躲在里面，其他成人和孩子从外面或下面触摸他们的头、手和身体。

◆**画身体**：把身体、手或脚放在垫子或游泳板上，然后用食指“画”身体的轮廓。

◆**藏手（儿歌）**：“我在找手指，请告诉我他们在哪？啊，现在他们回来了，楚啦啦啦啦啦啦。”把手藏在垫子下，然后再拿出来（同样也适用于其他身体部位）。

◆**困陷在桥下（儿歌）**：“伦敦桥要倒塌了，倒塌了，等等”。两个人用手搭桥，其他人从桥下漫步而过。其中一个孩子被“捉住”，来回摆动下，然后放行。

◆**开车追尾**：绕着一个圈互相追逐对方。一对家长和孩子突然停下来，其他人就撞到他们身上。

◆**向上翻越**：孩子们用手搭池边移动，父母们则作为障碍物挡住他们的去路，孩子们得爬过这些障碍物。

◆**用游泳板盖住**：用放松抱持姿势将孩子轻轻后拉穿过泳池，并用分散在游泳池中的游泳板盖住孩子。

◆**碰撞**：用奖杯式抱持姿势抱起孩子，并把孩子推向其他孩子，这样他们的手就可以相碰了。

6.2.6.5 空间和位置定位

感知个人位置以及个人在特定空间所处位置的游戏活动：

◆“轰隆、轰隆、轰隆，大蒸汽火车开，隧道就在下个拐弯儿。我不乐意孤单单，总是带着朋友来。”（歌谣）：垫子拱起作为隧道，孩子们从下面穿过。

◆“所有孩子高高在空中”：孩子们被以奖杯式姿势举起，在信号发出后，被推向泳池边缘，然后向上，或者推到垫子上并朝泳池边推，然后举起来。

◆“高和低，快和慢，重和轻，暗和明”：父母们用面对面式抱着孩子，引导他们摆出各种姿势。

◆“后与前，右与左，上与下，右与左”：父母以持奖杯姿势抱着孩子，围成一圈，按照指令内容移动身体。

◆“我们在流浪，我们在流浪，从一个地方到另一个地方，在……处我们要遇上（围成圈）（诗歌）”：游戏小组在圈里、在角落、在隧道等处相遇问候。

适宜的平衡练习：

◆果冻肚肚：孩子们坐在游泳垫上，父母晃动垫子，然后放开垫子。

◆“大船扬帆远航在阿雷阿雷欧”：孩子们坐在垫子上，父母推着他们在泳池里走，并用垫子弄出水花，让水不停泼溅在垫子上。

◆“旋转木马”：孩子们坐在垫子上。父母转动垫子，每转一圈换个方向反转。

◆猫步：让孩子们在游泳垫铺成的通道上走“猫步”，训练其平衡能力，走到头就跳下来。还可以把通道改造成有障碍物的通道。

◆出租车：孩子们坐在板上，父母推着他们在水中行走。孩子们来决定前进的方向。同时练习从垫子上爬上爬下。

◆马术表演：孩子们坐在父母的背上。父母激励孩子坚持用马术的姿势骑跨在背上。

6.2.6.6 反应训练

促进反应和手部技能的游戏：

◆沉睡的鳄鱼：课程教练扮演一条在泳池中央打鼾的鳄鱼。当他醒来，如果孩子没有快速逃往泳池边，就会被他抓住。

◆所有一切变成天堂：音乐一停，孩子们就得尽可能快速地游往泳池边。

◆目标投掷：教练员快速地在水中拉动盆等物体。与此同时，孩子们要尽力往盆中投球。

◆抓球：教练员在水中拉动装满球的盆，孩子们被用奖杯式姿势抱着，然后将孩子快速向盆推动或漂移，去抓球。

◆换板：听到指令，孩子们放开自己的板，并去找另一块没人拿的板。

6.2.7 熟悉器材、结对游戏

与婴儿游泳相比，材料与器材在幼儿游泳中发挥了更重要的作用。幼儿玩耍的时间显著增加，能更聚精会神地玩耍，其注意力强度也更高，根据游戏对象调整各项任务的能力也越来越强。这种玩耍形式是孩子们的生理和心理正在发展进步的信号。

第二年时，孩子开始研究、操作，最重要的是开始尝试各种可能性。和同龄人一起玩耍不怎么有成效。

因为经常拓展运动技能，孩子对可触及范围内的一切东西都很有兴趣，而且还会测试它们的功能：口袋盖、抽屉、易拉罐和门被开开关关，瓶子和水龙头被来回旋转，袋子和篮子被清空再装满。他开始将物体分类、组合或构建。

幼儿喜欢重复性活动，这使他变得更自信和熟练。他在功能方面的成功激发了他的积极性。

直到第三年，孩子的社会联系才通过交流与玩耍建立起来；他自己也开始寻找同伴。孩子与玩耍的同伴或团体进行互动，并找寻解决办法；他观察并学习他人，而且随着所得乐趣和身体素质的提高有更高热情，而这反过来又对他的学习动机和成果有所帮助。

玩耍这一情境使得孩子相互比较，这可能会让他们想对他人发动进攻或感到恐惧。

头两年的玩耍习惯通过功能性的玩耍形成：孩子玩弄身体或身体部分，进行活动，并对各种物品与材料有大致了解。他总是最先探索最近的领域。

如果能理解活动的意义，孩子越大，其建设性游戏就越成熟；他的游戏行为随着空间定位而发展：持续工作、造型并用手创造，画画，盖房子和捏（橡皮泥）。

对1～3岁孩子普遍适用的游戏材质是各种形状、大小的彩色积木、盒子、罐头、杯子、球、圆圈、动物、小车和玩偶。3岁结束以前，他对虚构和角色扮演没有兴趣，不喜欢听、观察、学唱、模仿人物和动物、故事和玩偶游戏等。

课程教练应思路清晰地把这些游戏场景融入课堂：游戏应有清晰的结构，既有游戏构想也有建议，游戏还要能充分激发参与者的想象力，这样就可以对游戏进行适当改造，或者开发新游戏，换句话说，就是进入不用指导就能自由游戏的阶段。

所使用游戏材料的数量应取决于孩子的发展阶段，还要考虑健康等因素。使用的物品必须适合在水中使用（比如可水洗的、耐用的），而且，从教育角度而言，必须有多种用途，比如要足够简单以便能激发孩子们的想象力并促进其多样化的活动和运动需求。

泳池要能分成各种区域：吸盘、塑料绳、垫子、塑料带可以被用作小群体、不同游戏和巡回活动的视觉定位标识。

游戏中重要的是孩子和父母都能积极参与活动并进行互动；毕竟，这才是让活动具有吸引力的原因。

课程教练要持续关注并控制游戏的各项指标，比如提供建议并付诸实施，延长或缩短游戏时间，加强或降低游戏刺激等。

孩子们在好奇与自我保护两种情感中摇摆，四处走动不断探求周围的一切。在跳跃和嬉戏时，很显然被抛到空中或“哎呀！差点就接住了”这样的情感只有在孩子的底线没有被超越时才会是积极的体验。

考虑到孩子的表现极限，适时休息是必要的。

一些突发因素让孩子的感知能力更为敏锐，也触发了其反应冲动。然而，这里要提醒一下：即使是善意的惊吓也要掌握分寸。开始阶段如此，结束阶段亦然。为了不让孩子失望，要循序渐进地让孩子准备好结束游戏（宣布：“好了，再玩3次就结束了。”），这样他能让自己的情绪在这时宣泄出来。

下面的建议主要关于大量不同器材的玩法，以便激活孩子的心智，培养孩子的运动技能、平衡和社会行为。

◆**容量游戏：**倒空、装满篮子，用碗装满盆，然后再倒空。

◆**运输游戏：**把积木找来集中放在垫子上；在游泳垫上堆放游泳板然后再推倒，收好设备。

◆**寻找游戏：**在有一对或多对父母-孩子参与的游戏中寻找器材（比如绳子），然后拿好它。

◆**建筑游戏：**把量杯一个个摞起来，将网球环套在杆子或课程教练的手臂上，把球拴在一条线上，或者把球收进管子，用砖垒塔（垂直），把浮漂或游泳垫一个个堆起来。

◆**藏匿游戏：**把物品或人藏在垫子后、倒扣的（塑料）嬉水池下或挂起的一排衣服后，然后寻找他们。

◆**圆圈游戏：**捡起物品，传或推出去，也可以把东西扔掉或掷向某人。孩子们围成圈传递物品。

◆**小组接触游戏：**彼此触摸（“挤成一团”，小圈）、互相推搡（比如，开火车）、背或抱、手牵手、肩靠肩等。

◆**水游戏：**泼溅、舀水、滴水、漾泡沫、把水运送到其他容器里。弄出水波、水流和漩涡。

◆**功能游戏：**用汤勺搅拌（煲汤），用海绵清洗池壁。用饭勺捶打、开罐头、灌水、封上罐头并把它放置在壁橱（泳池边）里。

◆手指游戏：手脚并用的儿歌、诗歌、歌曲、用手指和脚趾进行的说唱活动，总是能完全吸引孩子沉浸在游戏中。

◆分类游戏：按照颜色、形状、大小辨别物品并进行分类（也是两岁半大以后）。形状和拼图游戏，辨识图片等。

◆建筑游戏：把拼图方块拼在一起，把积木搭建起来（水平和垂直）。

◆象征游戏：会游泳的动物喝水并潜水，玩偶从泳池边跳进泳池。

流行的室内跑步游戏：

◆自我营救（在自己家里）：当课程教练开始泼水时，所有的参与者都躲到放置在泳池边的游泳垫下寻求庇护。

◆自我营救（在岛上）：当课程教练潜入水中扮演鳄鱼时，所有的孩子都躲到垫子上寻求庇护。

◆天气游戏：下小雨（参与者让水珠从手指滴下）；下雨（参与者向空中扬水）；暴风雨（孩子们用臂和手搅起水花或者父母在水中左右拉孩子泼溅水花）；闪电来啦（每个人都从水中出来坐在泳池边），然后太阳重现（所有人都重新跳进泳池）。

◆四面墙，四种颜色：用特定颜色的物品或交通锥标志泳池的四面墙。课程教练开始朗诵儿歌："我们走一走，我们逛一逛，我们一会碰面在红色那堵墙。"

◆开动马达、熄灭马达：孩子们在父母背上用背驮式姿势坐好。开动马达、熄灭马达的指令由孩子通过踢腿来传达，然后父母向前移动或原地不动。这一游戏也可以用于促进手臂运动。孩子们被父母用奖杯式姿势抱着，用手臂来挖水和划水。

小组球类游戏：

◆保持场地空旷：两个小组把球从自己的场地掷向或推向对方场地。这也可以改造成扔球过绳的游戏。

◆把蛋杯装满再倒空：一个小组把分好的球放进游泳板上或泳池边的空碗，另一组把碗倒空。

◆传递：围成圈，向右传球，信号发出后停止并反向传递，边传边唱儿歌（"这边传，这边传，现在停下往那边传"）。

◆都出去了：池中所有的球都被扔出到泳池一边。待所有球都被扔出，孩子们要爬出泳池再把球扔进来。

◆接力传递：取出放置在泳池一边的大盆中所有的球，排成队把球传到泳池另一边的盆里。

6.2.8 仪式和歌曲

问候

“我们站在一起，我们等待开始，我们先来瞧一瞧都有谁参与：……在这里……也在这里，等等。现在我们能开始啦。”

你好，孩子！你好，孩子！我们在向你招手。你好，孩子！你好，孩子！先是我，然后是你。……在这里……也在这里，哇，我们都在这里，我们欢呼吧。”（可以用泼水、踢腿等动作代替招手。）

“看看四周问个好，然后我们就开始吧。我们开始跳舞跳舞，我们在跳舞。”

“到这里来，是的，到我这儿来，我们想游泳。那到我这儿来，我叫……：是的，我就是。到这里来，我们在游泳（用跳跃、弹跳、踢等词来替换游泳）。”

“你好，你好，快到这里来。让我们唱歌、跳舞和游泳。你好，你好，快到这里来。”

熟悉环境并促进交流

“轰隆、轰隆、轰隆，大蒸汽火车开，隧道就在下个拐弯儿。我不乐意孤单单，总是带着朋友来。”

“小小水人池中游，东泼泼、西溅溅，神气又活现。他在水中上下窜，现在正拐弯。”

“我们在开水火车，水火车，水火车。

我们在开水火车，大家全都在。

现在停在‘单脚跳’站台，‘单脚跳’站台，‘单脚跳’站台，我们停在‘单脚跳’站台，一起‘单脚跳’起来。”

（运动：用“双脚跳”“转个身”等来替换“单脚跳”。）

“我们在流浪，我们在流浪，从一个地方到另一个地方，在……处我们要遇上（围成圈）……”

或者“我们在流浪流浪，从一个地方到第一个地方，现在我们遇上。”

“我们四处泼水，声音别太大，最好静悄悄，不要打扰谁。我们就爱这样泼水，四处来泼水。”（运动：“泼水”换成“单脚跳”“拍手”“踢腿”等动作。）

“我的小朋友，一圈一圈游。小腿踢啊踢，水声哗啦啦。”

“小汽车，嘟嘟叫。小汽车，嘟嘟叫。慢慢开动，然后出发。小汽车，嘟嘟叫，嘟嘟叫，嘟嘟叫。”

“我们这边摇摇，那边晃晃，然后高高飞到天上。”

“两只小小鸟，并排坐墙上，一只叫皮特，一只名保罗。皮特飞走了，保罗飞走了。皮特飞回来，保罗飞回来。”（运动：用两只脚。）

习惯水–让身体适应水–准备潜水

“我在寻找我的眼睛，请告诉我去哪儿了，啊他们回来啦，楚啦啦啦啦啦啦。”（运动：用其他身体部位替换眼睛。）

“我们泼水，我们泼水，我们四处在泼水。如果小手乏力气，就换脚丫来工作。我们泼水，我们泼水，我们四处在泼水。”

“我的小朋友，今天都湿透，今天都湿透，噼里啪啦，噼里啪啦，乌拉万岁！”

“蒙蒙细雨，和风润雨，倾盆大雨，狂风骤雨，震耳欲聋。太阳出来，云开雨散。”（运动：用手臂击水来描摹天气。）

“我们需要手来泼水，泼水，泼水，泼水。”

（用脚和踩水来替换。）

“尼普顿（海神）呼唤所有青蛙：‘呱呱，呱呱。’”

（运动：父母和孩子一起跳。）

或者:
“尼普顿（海神）呼唤所有泡泡鱼：‘吐泡泡，吐泡泡。’”
（运动：父母和孩子在水面吐气。）
或者：
“尼普顿（海神）呼唤所有海豚：‘呜哦，呜哦。’”
（运动：孩子在父母的扶持下在水中滑行。）
或者：
“尼普顿（海神）呼唤所有潜水鸟：‘浸水，浸水。’”
（运动：父母和孩子潜水。）

体操

“动动身体，动动身体，每天练一会儿。
动动身体，动动身体，安康又健美。
动动胳膊，动动腿，动动肩、腹，动动背。
动动身体，动动身体，来来又回回。”

“哦，奶奶说……”

“敏斯先生和曼斯先生，一起去舞会。
跳到左边，跳到右边，
他们这样跳，幸福地踢踢腿。”（运动：引腿、屈腿、伸腿和踢腿。）

“小马驹小马驹，别停下，
用你的蹄儿跳爵士，
用你的尾巴做皮鞭，
用你的轮子转啊转，
‘对儿驾’，‘对儿驾’，我们回家。”

结束课程说再见

“轰隆、轰隆、轰隆，大蒸汽火车开。
……就要把家还。
他不喜欢孤单单，
所以带上……来。”

“我们敲敲水面，直到要离开。
再见，再见，挥手说拜拜。”

“小小鼠，大大熊，
晃到西，摇到东。”

“静静悄悄，静静悄悄，猫咪爬行。
静静悄悄，静静悄悄，不要出声。
小小老鼠，前方出现，战战兢兢。
所有猫咪，“喵呜，喵呜”，大叫出声。”

“从前有个人，他有一条狗。
宾-果，宾-果，宾果是他名。
B-I-N-G-O。”（运动：先将孩子们推入圈中，然后彼此走开。或者：抱着孩子围成圈，彼此互推。）

“月儿高高挂，
太阳早回家。
今天已收工，
亲亲上路吧！”（运动：课程教练为大家送上飞吻。）

“红毛小狗，红毛小狗，
游泳课结束了。
安安静静，收好玩具。
红毛小狗，红毛小狗，
游泳课结束了。”

6.2.9 水中放松的方式

“休息是一颗井然有序、同一和谐的心所有的自然状态。”

（威尔海姆·范·洪堡特）

辛苦工作后，身体需要进行或长或短的休息，精神疲劳后也需要放松。秘诀是继续加工所学内容，释放压力，让满足慢慢来临。

按照一定惯例结束放松阶段通常会让人觉得愉快。身体、大脑和灵魂能在和谐的环境中得到休憩，有关人等（课程教练、父母和孩子）的内在能量得到恢复。

孩子通常会模仿自己信赖之人的行为，成人——甚至是为自己——按部就班地照搬这些惯例，就能起到放松的效果。学习如何放松虽非玩耍，然而也能以一种饶有趣味的方式进行。

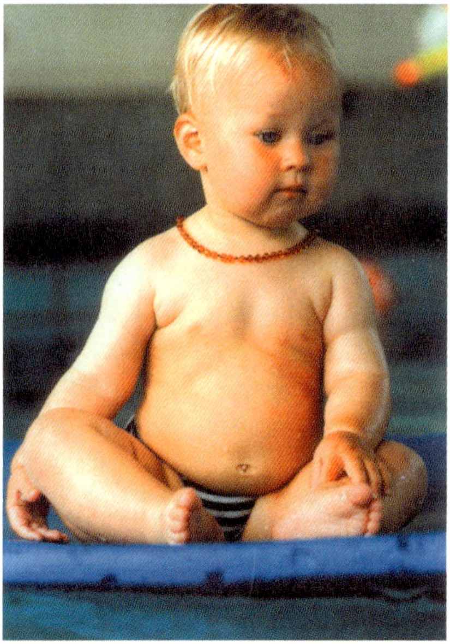

在满足必要的条件时（无噪音、无池外干扰、舒适的水温，或许还有昏暗的光线），课程教练就可以进入最后阶段了。

课程教练让小组围成小圈，开始引导大家专注和安静下来（休息的引入阶段）。随后，他向家长和孩子描述体位。

一般采取放松式或手臂摇篮式体位（对膝盖后部予以支撑），或家长孩子躺在垫子或泳池泡沫条上。

这一阶段一般设定在5～10分钟内，因为在所有这些活动之后，孩子的身体会很快在水中变凉。

通过将个人体验与这一阶段（放松阶段）相联系，呼吸更为均匀，身体的紧张渐渐排解，温暖、厚重、平静、安全、熟悉以及满足等感受慢慢涌上心头，这感觉就像在柔软的床上或温暖的沙上躺卧，身体被舒适妥帖地包裹住，心无旁骛。

调暗灯光或闭上双眼能够屏蔽环境的视觉刺激，让注意力更好地专注于自己的身体。

就像虚拟图画一样，平和的语言也可以营造出放松的效果（“你静静躺着，十分平静”），对肌肉群和身体部位（渐进的肌肉放松）进行有意识的紧张和放松练习，也可以产生这一效果。

放松阶段后，课程教练应开展恢复练习，将参与者的身心带回到真实环境，同时也激活某些练习的开展（回复期）。

伸展身体、打哈欠、做鬼脸、抖动或按摩身体部位都能让身体做出反应，帮助脉搏、呼吸频率以及血压恢复正常。

课程到这里从容结束，结束后也要避免出现混乱的场面，这样孩子就能在所有这些高强度活动后安然入梦。

有的父母-孩子组合会很难获得平静。静下心来不是一个可以强迫的过程；它与孩子在当天的很多状态因素有密切关系。

在这样的情况下，应给孩子换一个游戏活动，与人群保持一点距离，这样就不会影响到整体的和谐。

这里要求教练员有良好的情境感觉，能即时选择恰当的方法。

适合幼儿游泳的趣味放松练习示例：

◆烛光圈（在透明彩色量杯中）放松法：

– 儿歌：蜡烛摇摇，眼睛闭闭，嘴巴闭闭。在我怀里，舒适安逸，好好休息（额圆，放松式抱持姿势，父母来回摇晃孩子）。

◆身体紧张放松法：

– 对比练习：吵闹与安静（踢腿与安静）。

– 分部肌肉放松：扫帚把与橡胶玩偶（僵硬与放松）。

– 暴风骤雨与风平浪静（用手挖水/抚摸水）。

◆听音乐放松法：

– 与呼吸节奏一致的音乐（每分钟60下）。

– 关闭音乐，离开。

◆按摩放松法：

– 触摸（手掌摊平，沿着腹部、背部、腿部、手臂向心脏缓慢移动）。

– 摇晃（摇晃、震动机体组织，让其放松几秒钟）。

– 画圈（用单手或双手抚触身体，画大圆或小圆）。

– 天气按摩（双手用不同力度来表现晴、雨、雹、风等天气现象）。

– 按摩设施（不仅可以用拇指按摩脚，还可以用“脚部滚筒”或按摩球等器具进行按摩）。

◆故事、图片、动物模仿放松法：

– 表演一个玩偶故事（“小熊累了，在寻找自己的洞穴”）。

– 讲一个动作故事（从积极动作开始，过渡到消极动作）。

◆摇摆放松法：

–儿歌：闭上眼睛睡觉觉，
不出声，别偷看，
胳膊腿儿都放松，水儿把我抱。

◆呼吸放松法：

–火车头——像发动机一样大声呼气，然后深深吸气。

–父母把孩子放在胸口，用力吸气和呼气，可以看到胸部明显的起伏。

–父母对着孩子的皮肤深深呼气。

◆声音平静练习：

–水声（雨点）。

–儿歌：“安静，安静，安静”“小声，小声，小声。”

6.3 游泳和浮力器材

孩子两三岁时，游泳器材是亲子课堂一个不可回避的话题。在了解这些器材的使用范围、类型和价格前，父母必须了解这些游泳器材的优缺点。

要区分游泳器材，也即可以绑在孩子身体上的游泳翼等器材，以及浮力器材，也即孩子们可以抓握或躺卧，以稳定和保持孩子在水面位置的器材（如游泳板）。我必须再次申明，游泳器材和浮力器材都不能保障孩子在水中的绝对安全。

父母必须时刻观察和监管自己的孩子（见1.3部分）。到孩子腿部有更多力量时，可以开始使用运动设备（如，游泳蹼），这可以帮助并鼓励孩子活动得更远，也更迅速。

一般游泳池都可以找到下列器材：

◆吹气器材：游泳翼、游泳袖、游泳盘，内部带有存储空气的气囊或泡沫聚苯乙烯材料等泡沫材质的器材（如游泳固定器、蝌蚪、海豚圆盘）。

◆圆形、椭圆形、马蹄形、大小不一的游泳圈；该款式带有体侧支撑、腮托、皮带和座位（比如“游泳明星”“游泳训练者”等产品）等。

◆各种款式的游泳夹克和游泳衣，比如有领或无领，腿部有无绑带，带有吹气背部和腹部垫子还是可脱卸的装在夹克上的泡沫物质等。

◆游泳蛋或游泳架，由塑料或某种泡沫制成，带有帆布绑带。

◆塑料游泳带或游泳软木，一般系有帆布绑带。

◆尼龙面料的游泳靠垫，胸部周围有可调节的系带和固定扣。游泳靠垫位于肩胛骨处后部。

制造商一般会给产品注明使用者适合的年龄段。这通常标注的是最大年龄跨度而不是最小年龄跨度。

然而，相比于孩子的运动与协调能力，孩子的体重是更重要的决定因素。

器材种类
游泳翼或游泳袖
游泳圈
游泳夹克或游泳衣
游泳蛋或游泳架
游泳带或游泳软木
游泳靠垫

对产品的详细描述	制造商推荐开始使用年龄
游泳固定器 游泳袖 游泳圆盘（海豚） 游泳翼	1～4岁起 不详 12岁前 18个月前
开放泳圈 带体侧支撑和腮托的椭圆泳圈 腮托 系带马蹄泳圈（“游泳明星”） 内带夹克的泳圈（“游泳训练者”） 有儿童座椅的泳圈（“保姆”）	4岁前 1岁前 6岁前 3个月至4岁 3个月至4岁 3个月至4岁
有领/无领，有绑腿/无绑腿的夹克 腹部带有吹气装置，背部有靠垫的泳衣（浮动器材） 带泡沫浮力口袋的泳衣	3～4岁 2～4岁 2～4岁
带有两个充气浮力物的塑料架或带有单层浮力物的帆布袋	2.5～4岁
软木、泡沫或塑料块充气后用绳子或帆布带串起来。其数量可以减少。	2.5～4岁
两个尼龙靠垫，其展开在水面的部分可以被吹起来并用带子系在胸部（施劳利牌）	2.5～4岁

课程伊始，就把促进运动和父母与孩子之间的密切交流设定为主要目标。一开始游泳就使用游泳器材将会立刻破坏这一目标。因此，最早也要在孩子能支撑自己时才可以使用游泳器材（大概在10个月孩子会爬时）。即使这样，每次也应不要使用过长时间，以免父母和孩子形成依赖性。

我们要记住：游泳器材阻隔了父母-孩子和水的自然接触。它会造成安全的假象，让人误以为孩子的泳技已然很好，而实际上并非如此：父母误以为孩子很安全，他们就大意远离，只偶尔观望孩子。亦或者，孩子会远离父母，自我感觉已经学会游泳。

人人往往会忽略相互依赖的重要性、讯息交流的必要性以及对他人的信任感。技术器材不是父母的替代品，而仅能发挥辅助功能。

游泳器材让父母和孩子的运动能自如，让父母不用老是抱着或扶着孩子。通过逐渐降低浮力水平，游泳器材能够促进个人的游泳学习过程。问题是孩子如何能获得正确体验，如何提高自己的能力，并且学会信任水的负载力。

父母的身体接触必须与实际条件（没有外部支持）相结合；这些条件出现在特定年龄阶段的特定学习过程；孩子在水里的位置不变，父母则提供灵活多变的帮助。当父母学会给孩子最好的支持时，自己也在进步。

从实践经验出发，很容易明白到这一点，适合的抱持姿势能够很好适应水面、力量和身体位置；它不会限制孩子的行动自由，反而会促进控制和交叉运动，而这些是孩子协调运动健康发展的决定性因素。

独立地四处走动，自己决定方向和位置，开始时孩子只能保持片刻，慢慢持续时间就会越来越长。

浮力器材不仅对支持和学习过程有益；还会因为漂浮力吸引孩子的兴趣。它们支持不会游泳的孩子努力在水面保持坐姿，也让游戏和练习变得更加丰富多彩。

游泳课上可能要用到以下物品：

- 游泳板或动物形状的游泳板；
- 充当救生筏或浮动跑道的游泳垫；
- 游泳条；
- 游泳绳、浮标或树桩；
- 游泳哑铃；
- 带有连接物的游泳泡沫塑料条。

能供孩子抓住并支撑其身体的其他的充气或塑料器材也可使用。在选择这些器材时，要确保其适合孩子们手和身体的大小，以及他们的体重和运动协调技能。

由于孩子对这些器材的抓握只能持续很短时间，很快就会失去平衡（倾倒），这样孩子们就会玩闹起来，课程教练必须提前组织好练习，并把活动流程（比如说运动方向）、抱持孩子的姿势、谁来帮忙等解释清楚。

照片和插图制作

照片版权：

除第75页（克莱蒂），第16、26、27页（阿伦特）、第37页（史密茨）的照片外，本书其余所有照片包括封面照片都由马蒂尔德·柯尔拍摄。

插图：

马克斯·林登和尤瑞克·巴克阿卡

封面设计：

詹斯·沃格桑

联系方式（丽莉·阿伦特博士）：

Dr. Lilli Ahrendt
Kieselstr. 5
40235 D ü sseldorf
Germany
+49-211-9890727

作者简介

丽莉·阿伦特，生于1968年。她是一位运动科学博士和注册体育教师。在从事科学研究、举办学术会议讲座之余，她筹备并开设了亲子游泳与孕期游泳的教师训练与继续教育课程。她是德国游泳联合会专家委员会委员，主要研究领域是亲子游泳的质量监控。

译者简介

许强，男，讲师，宁波大学体育学院学科团队体育教育训练团队成员，具有丰富的教学实践经验，长期从事运动人体科学和体育教育方面的教学和科研工作，多次获得浙江省教育厅和学校的奖励，主持和参与省部级和市厅级课题多项，完成学科专著教材等三部，在国内外体育期刊上发表论文十余篇。

林艳，女，宁波大学外语学院副教授。2003年毕业于华东师范大学外语学院，获英语语言文学硕士学位。2003年7月至今在宁波大学外语学院任教，从事英语教育14年，研究方向为英语教育和认知语言学。主持和参与省部级课题多项。发表相关论文多篇。

版权声明

书名：Toddler Swimming

作者：Lilli Ahrendt

图字：01—2012—3779